看漫畫零基礎學會
經濟學

管鵬——著/繪

CONTENTS 【目錄】

推薦序

跨越「稀缺」，邁向「富足」

　　記得在上大學剛開始學習經濟學的時候，老師在第一堂課就告訴我們，所有學習經濟的底層邏輯就是因為「稀缺」。

　　如果我們什麼都不缺，想要什麼就要什麼，那麼就不會有供需不足的困擾，更加不用在乎價格高低的問題……。所以，就是這麼簡單的兩個字「稀缺」，讓我徹底理解，經濟學的基本原理就是希望將稀缺的資源變多，又或是有效配置稀缺的資源。而這個原理對於不管是身為個人的自然人，或是一如公司的法人來說，都是需要依靠資源才能夠存活或永續經營。

　　因此，避免稀缺造成存續的困境，就是學習經濟學最關鍵、最重要的價值。

　　就像「成本」是我們習慣放棄的最大代價一樣，當你充分理解這個概念之後，你就可以很直觀地評估，唯有獲得的效益大於放棄的代價，才能讓我們想要的資源越來越多。就像「沈沒」成本，是過去付出的代價，如果他不能夠為未來創造更多的效益，一旦我們把它納入決策範圍內，這無異就是高估了期望的效益，反而放棄了可能增加資源的機會。

　　就如同「錨定」效應，這可能讓我們錯估事物本身的價值，進而付出更多的代價，最後就是損及我們的資源。

　　類似這種關乎我們生存的決策，樁樁件件都是透過經濟學才能帶給我們，既基本且深具價值的學習本質。

　　相信這本好書不僅可以帶領我們跨入經濟學的殿堂，更能讓我們洞察世界運作的原理，活出「跨越稀缺、邁向富足」的人生。

郝旭烈
企業知名財務策略顧問

作者序

為什麼要讀經濟學？

很多經濟學家在他們的著作當中都會提道：「為什麼要讀經濟學？」

馬克思說：

「經濟基礎決定上層建築！」

美國經濟學家尼可拉斯‧格里高利‧「格雷戈」‧曼昆（Nicholas Gregory "Greg" Mankiw）在其著作《經濟學原理》（principles of economics）中說：

「經濟學有助於釐清經濟政策的潛力與侷限，進一步理解你所生活的世界，進而讓你做出更好的決定。」

英格蘭女經濟學家喬安‧薇奧麗特‧羅賓遜（Joan Violet Robinson）說：

「是為了避免被經濟學家欺騙……」

美國經濟學家保羅‧安東尼‧薩繆森（Paul Anthony Samuelson）說：

「因為人們想賺錢！」

　　我不是經濟學家，關於為什麼要讀經濟學，我首先要澄清，讀經濟學並不一定能夠幫你賺到錢，否則可能只需要一本書，人們便可成功「脫貧致富」了。

　　其次，研讀經濟學也很難幫你做出重大且英明的決策，因為經濟學思維需要透過長期學習和訓練，單靠讀幾本書是無法成為大師的。

「為什麼讀了這麼多本經濟學的書，我也未能趕上富比士台灣 50 大富豪榜！」

　　但是即使如此，我還是必須要說，經濟學絕對沒有想像中那麼高深莫測和遙不可及。事實上，它和我們每個人的生活都息息相關，抑或可以這麼說，它就是我們生活中不可或缺的一部分。

　　研究經濟學確實能讓你擁有一個不一樣的角度，可以

適時地審視隨時都在發生的各種經濟活動。比如重新定義成本，理解人與人之間的交易、合作與競爭，以及瞭解整個社會的經濟運行原理等內容，我相信這些肯定都能給你帶來一定程度的幫助。

更重要的是，讀經濟學能讓你更加深刻地感受到幸福及幸福所能帶來的意義。二戰時的經濟學家雷德福（R. A. Radford）在他的著作《戰俘營的經濟組織》（The Economic Organisation of a P. O. W. Camp）裡寫過一個故事：

一位牧師拿著一瓶乳酪和五根手捲煙。

在戰俘營裡走了一圈，回來時手裡就多了一袋食物。

但他的香煙和乳酪卻並未減少。

食物可不是他騙來的，是他透過商品和服務交換來的，是他增加福利、創造幸福的證明。所以，經濟活動的目的是透過滿足需求來增加社會的整體幸福度。至於怎麼做才能最大限度地滿足社會的整體需求，這就是經濟學要研究的項目。

而你要研究的，就是如何做到最大限度地滿足自我需求。

「等等，經濟學所要研究的事情可不只這些！」

上面所說的經濟學，都是傳統意義上的經濟學，而本書除了傳統意義上的經濟學之外，還融會了許多人類怪異的行為學。

如果傳統意義上的經濟學講述的是社會整體，那行為經濟學要說的的就是大部分個體。例如，

「大部分人如何確定自己的需求？」

「大部分人如何替商品或勞務出價？」

「大部分人如何預測？」

「大部分人如何選擇與下決定？」

......

當你知道大部分人是如何做到，而你也很可能正是這群人當中的一大部分時，你就會知道原來自己是如何做到的，進而開始反省自己之前並未意識到的諸多瘋狂行為。例如不管是否有需要，你都會因為商店在打折、提供贈品、推出套餐等原因而買單；如果你經常關注或購買的東西降價，你肯定會毫不猶豫地出手下單甚至囤貨，但是當你關注的股票跌價，你反而會猶豫甚至急於賣掉它們；再比如你可能不喜歡上班，卻喜歡偶爾去做義工；又或者，你本來很滿意自己目前的薪資收入，直到知道某位同事的薪水竟然比你高……，你這時就開始悶悶不樂呢。諸如此類，甚至還有更多。

你以為這些都是你個人的行為，但這其實往往發生在大部分人身上，甚至有跡可循。一旦知道這些規律，你便可審視自己那些瘋狂、不理性的決定，有意識地開始逐步糾正，慢慢地讓生活步入正軌，讓人生更加幸福。

　　總之，你買了這本書，滿足了一定需求，多少會感到一點點小幸福。如果你堅持讀完它，我相信肯定能夠滿足更多需求，獲得更多幸福。

　　所以，為了讓你更幸福，就讓我們趕緊開始吧！

管鵬

引言

理性的人類 VS. 非理性的行為

　　做為一個專攻投資議題的財經網紅，我竟然「膽大包天」到敢出版經濟學的書。但嚴格說來，投資或賺錢其實跟經濟學並無多大關聯。

經濟學 ≠ 賺錢

這樣說，感覺
我的格局好
小⋯⋯。

兩者雖說不是毫無關係，但認真說起來就是殊途同歸。

更重要的是，許多研究經濟學的大師們也都出版過經濟學的相關著作了，可謂已有「珠玉在前」，我這時再出版這樣一本書，實在只能說是「瓦石難當」了……。

不過既然要出書，我總得為自己找點理由才行。

於是我絞盡腦汁，終於想出了這本書的絕對優勢：

字少

能用漫畫表達的，儘量減少文字；能用故事表達的，儘量不提專有名詞。相較於讓你讀來備感壓力的書，所以我撰寫這本書唯一的宗旨就是讓大家讀得輕鬆，看得開心。

也正是因為如此，我怕大家看得太過開心，忘記這仍算是一本正經的經濟學著作，所以我把本書內容所圍繞的十大經濟學原理先列在這裡，讓大家先熱身一下。

首先是關於人們如何下決定的四大原理：

原理一：人們面臨交替關係。欲望是無限的，但資源是有限的，很多時候人們為了獲得一樣東西，就不得不放棄另一樣東西，這就權衡與取捨。

原理二：「機會成本」才是成本。因為需要權衡與取捨，所以取得某件東西的成本，就是為了得到它而放棄的東西。

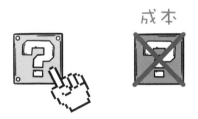

原理三：理性的人永遠會考慮「邊際利潤」（Marginal Profit）。所謂「邊際利潤」就是指某個經濟變數在一定的影響因素下發生的變動。

而所謂「邊際效應遞減」（Diminishing Returns），就是當你饑餓的時候，吃第七個麵包時獲得的滿足感，遠不如吃第一個麵包時的滿足感。

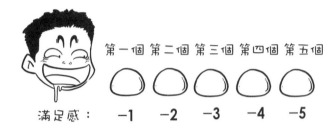

原理四：人們會對「激勵」做出反應。成本和收益的變動，將連帶影響並改變人們的行為和決策。當然，這種激勵有時是正向的，卻也有時會變成反向的。

正向：薪酬、榮譽、地位
反向：違約金、罰款、批評

而關於人們如何相互交易，也有以下三大因素可以參考：

因素一：交易能讓每個人的狀況變得更好。雖然在交易中也存在著競爭，但這種競爭不一定非要分出輸贏，反而可以藉此實現「雙贏」。

因素二：市場通常是體現與調控組織經濟活動的一種好方法。常見的則是以下兩種方法，一是政府計畫，二是市場機制。

計劃經濟

市場經濟

　　因素三：政府有能力改善市場結果。市場經濟有很多優勢，也有明顯的不足，比如會因為自然壟斷、資訊不對稱和不夠公平等問題導致調控失靈，導致產生資源配置的效率下降、造成環境污染等不良後果。

　　最後則是有關於經濟整體運行的三大關鍵：

　　關鍵一：每個國家的生活水準取決於人民的生產力與勞動力。世界各國之所以會出現貧富不均，原因即在於生產率的差別，也就是人們常說的國內生產毛額（Gross Domestic Product，GDP） 和 國 民 生 產 毛 額（Gross National Product，GNP）。

GDP：國內生產毛額（Gross Domestic Product）

GNP：國民生產毛額（Gross National Product）

關鍵二：政府發行太多貨幣導致通貨膨脹。而通貨膨脹通常表現在貨幣貶值、物價總水準上升等情況，大多數嚴重或持續的通貨膨脹，都是由於貨幣量的增加超出實際流通需要量所致。

關鍵三：社會面臨通貨膨脹與失業之間的短期交替關係。通貨膨脹時，物價上漲，勞務價格也會同步上漲，導致失業率下降；待通貨緊縮時，物價下降，勞務價格亦同步下降，失業率便順勢上升。

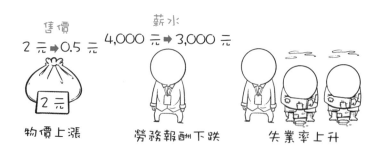

售價
2 元 ➡ 0.5 元　4,000 元 ➡ 3,000 元
物價上漲　　　勞務報酬下跌　　　失業率上升

以上就是著名的經濟學所涵括十大原理，也是本書中難得一見的知識精華區。這十大原理是我未來想要逐一介紹的重點，但其中有一點要特別注意，那就是這些原理都源於一個基礎之上，也可以說是一種假設：

人們都是理性的！

在經濟學中，理性的人會在各種選項中選擇機會成本最低的，也就是自身價值最高的選項；理性的人會計算吃第五個麵包所需付出的成本已超過它的收益，所以不划算；理性的人永遠會對激勵自己做出「應該且正確」的反應；理性的人一旦看到勞物報酬上漲時，往往就會更加傾向於去工作賺錢。

而在現實生活中，人們卻往往不夠理性，甚至是趨近瘋狂。非理性的人總是難以抵抗「免費」的誘惑，容易掉進價格的陷阱中，會去瘋搶自己原本並不需要的東西，會受心理作用的影響，習慣比較、愛面子，會覺得越貴的東西越好。所以，我將在接下來的各單元裡，透過經濟學十大原理做為基礎，同時融入行為經濟學的理論，試著從不同的角度來為

大家分析並解讀發生在本書主人翁「老六」身邊的各種經濟活動。

敬請期待！

成本

你所放棄的最高收入

從哪裡開始呢？

可能很多人會覺得：畢竟是開始出現貨幣之後才有交易，所以貨幣是交易的基礎，也是經濟學中最重要的元素。

這當然是一種誤解，因為貨幣只是一種便於交易的工具，市場上即使沒有貨幣，也可以有交易；即使沒有交易，也可以發生經濟活動。

甚至，即使只有老六一個人，經濟活動也不會缺席……。

1.1
不同時代的人生智慧語錄

在《洛克菲勒寫給兒子的 38 封信》（The 38 Letters of Rockefeller to His Son）中，其中有一封信講了這樣一個故事：

在很久很久以前，一位聰明的老國王想編寫一本智慧錄，以此流傳給後世子孫做為禮物。

因此，他召來最聰明的臣子，說道：

這些聰明人奉旨離去後，工作了很長一段時間。

最後終於完成了一套整整有十二卷的巨作，大家驕傲地宣稱：

老國王看看之後，說道：

各位，我確信這確實是各個時代的智慧結晶，但是……

這太厚了的！大家讀起來肯定不得要領，何不試著濃縮一下？

聰明的臣子們又因此耗費了很多時間，幾過幾次刪減厚，終於縮減成了一卷書。

但是，老國王還是認為太長了，又命令他們再次濃縮。

就這樣，十二卷書被縮減為一卷書，一卷書又被縮減為一個篇章，一個篇章又被縮減成為一句話。

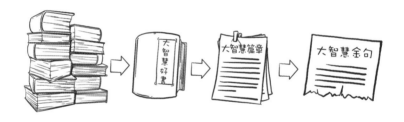

直到終於濃縮成了一句話：

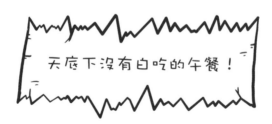

老國王這才滿意，他說：

這真是濃縮各個時代的智慧結晶！人們一旦知道這個真理，多數問題都可迎刃而解了。

這個故事裡的「天底下沒有白吃的午餐」這句話，和我們現在理解的涵義差不多，意思就是不勞動者不得食，任何收穫都要付出代價，莫因貪小便宜而吃大虧。經濟學大師彌爾頓·傅利曼（Milton Friedman）說這句話的時候，意思是指——

任何事情都有成本！

機會成本

一件事情或一個物品的成本，就是為了得到它而放棄的東西，這就是機會成本！

機會成本才是成本！

1.2
有機會就有成本

假設，老六真的獲得一頓免費的午餐。

但是用來享用這頓午餐的時間，原本可談成一筆 100 萬元的訂單，那麼這頓午餐的機會成本就是 100 萬元。

俗話說魚與熊掌不可兼得。很多時候，當一個人做出一個選擇，這就意味著他要放棄其他選擇。

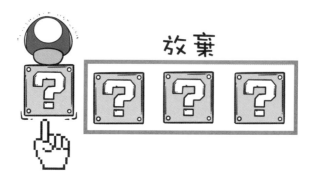

所謂的機會成本，就是指在被放棄的所有選擇中，價值最高的那個選擇所能帶來的收益。

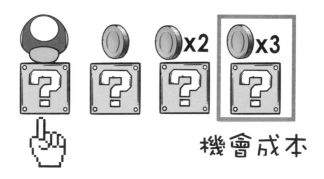

比如老六在市中心有一個店面，如果用來開麵包店，平均一個月能獲利 10 萬元；反之若用來開火鍋店，每個月平均能夠獲利 30 萬元；再者，若租出去當房東，甚至有人願意出價到 20 萬元⋯⋯。

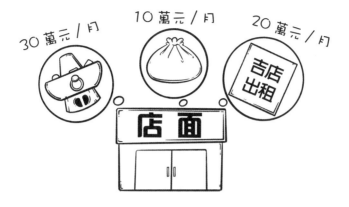

因此，開火鍋店的機會成本是 20 萬元。

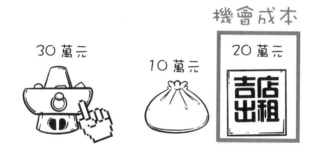

而開麵包店或出租的機會成本都是 30 萬元。

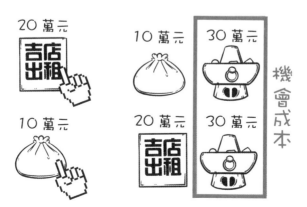

選擇成本最低，也就是價值最大的方案，當然是開火鍋店。

考慮機會成本，並以此為依據做出選擇時，你必須滿足以下幾個條件：

條件一，資源是稀缺的。老六擁有且僅有這麼一間店面，若開麵包店就不能開火鍋店。假設若整條街的店面都是老六的，那他估計會全部租出去，而不是整條路上都開火鍋店了。

其實擁有一整條街的店面也仍然算資源稀缺，但針對機會成本的考慮方向就變了，不需糾結是賣麵包還是賣火鍋了。

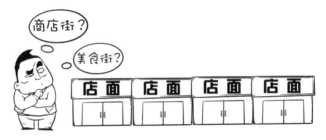

條件二，資源多半具備多種用途。老六的店面可以用來賣麵包、開火鍋店甚至是便利超商等。

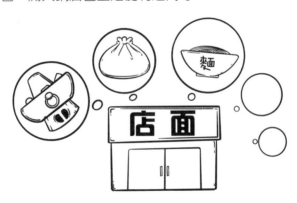

資源一般都具備多種用途，只要擁有足夠的想像力，哪怕是一個蘋果，人們也能選擇是切塊食用還是榨汁飲用。

條件三，資源能得到充分利用。老六如果開了火鍋店，就要佔滿整個店面的空間，而不是裝修完之後發現竟然空出一塊地方，這時再來考慮是否還能再開個麵包店？

或是再擠擠，可能還能空出一塊地方來出租。

機會成本是單選題，竟被我做成了複選題……，我真是個天才！

條件四，要在同一個區域內比較價格。老六若把店面出租，待合約簽訂後，第一年的租金收入馬上就到手，輕鬆自在。

+100 萬元

如果開火鍋店，不能只計算開店後的利潤，還要考慮到裝修時間，以及包括裝修在內的營運成本，甚至要把自己待在店裡工作的時間和精力也轉換為成本，上述這些人力、物力、精力等加在一起，這才是火鍋店的真正成本。

+250 萬元　　-50 萬元　　-20 萬元　　-50 萬元

條件五，機會必須是可選項。例如老六只有一間小店面，可他非說自己如果開個工廠，肯定比開火鍋店賺得多。

但幸好他沒開，不然政府和鄰居們大概都不會同意。

在滿足了以上五個條件之後，你大概已經能選出那個價值最高的選項了，這就是機會成本的作用：

促使人們合理分配有限的資源。

例如上班賺錢，應該是多數人不假思索的選擇，但他們都沒有考慮過，創業可能為自己帶來的收益；炒股可能是很多人心中，投報率較高的理財方式，因為他們並未瞭解過其他理財方式可能帶來的收益；再比如免費的資訊不花錢，但卻會花掉很多你原本可以用來做其他事情的時間和精力。

機會成本是人們做出選擇時應該考慮的因素，考慮到每個選擇的價值，進而做出最佳的決策，方可最大限度地利用自己當下擁有的資源。

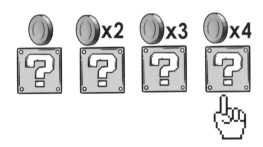

1.3

「沉沒」是井，不是金

只考慮「機會成本」（Opportunity Cost；OC）就能做選擇嗎？那其他成本呢，比如人們在生活中經常會提到的「會計成本」。

「會計成本」是指實際發生的一切成本。

因為機會成本事針對有可能發生、實際並未發生中的事情成本，所以很難確認它的結果，換句計畫說就是：

「機會成本」是想像出來的，而且很多時候根本很難想像。

相比之下，計算「會計成本」就會容易許多，它就是實實在在花掉的錢……。

每一筆支出都明明白白，不管是一個人的一天，還是一家火鍋店的一天，只要詳細記錄並把每筆支出全部相加，就能得到會計成本。

正是因為「會計成本」更容易獲得，所以人們往往喜歡用「會計成本」來做決定，反而忽略了「機會成本」。

老六的火鍋店開得風生水起，但他突然覺得有點累了，打算暫停營業一個月，給自己放個假、出門旅遊。

他在群組裡問了一些朋友，發現只有遊手好閒的隔壁老王有時間，於是兩個人就決定結伴而行。

樂遊六

世界這麼大，我想出去轉轉，同意的人請舉手！

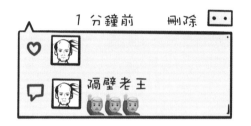

1 分鐘前　　刪除

隔壁老王 🙋🙋🙋

　　一個月的旅遊結束後，兩個人各自算了一下，買機票、住酒店加上沿途吃喝玩樂，老六一共花了 2.5 萬元，隔壁老王一共花了 3 萬元。老六知道後還挺開心的，因為他覺得自己花的比老王少，成本比老王低。

花費：2.5 萬元
（會計成本）

花費：3 萬元

但老六忘了一件事,那就是他之前開的火鍋店,可是平均每個月有 30 萬元收入的聚寶盆。他若沒有出去玩,火鍋店不會暫停營業,所以大家精算一下就知道,老王出去旅遊的機會成本可有 30 萬元這麼多呢!

而遊手好閒的老王,即使不去旅遊,這段時間可能也不會有什麼收益,機會成本是 0。這樣換算下來,老六的成本可就比老王高多了。

「會計成本」不僅更容易計算出來，而且還總是用真金白銀刺激著人們的神經，畢竟還沒賺到的錢不能算是自己的，但實際花出去的錢卻一定是自己的。所以一般情況下，人們花錢買電影票，即使電影很難看也一定要看完；花錢買門票，即使景點完全沒意思也一定要逛完。

錢都花完了，乾脆看完再走吧……！

不只是金錢，實際花費的時間、精力也都是自己的。花了很長時間等公車卻都沒等到，想叫計程車又覺得反正已等了這麼久……；追了很久都沒追到的女生，想想花費的時間、精力和送出去的禮物，就不甘心放棄。

來都來了，逛完再回去吧……！

「沉沒成本」（Sunk Cost）是指已經付出且不可收回的成本，這是發生在過去，是一種歷史成本且與當前決策無關。當前決策所要考慮的是未來可能發生的費用及所帶來的收益，而非考慮過去已產生的費用。

比如要不要繼續看電影，應該取決於電影本身的價值大小，而不是電影票價格的高低，因為電影票錢已經付出了，不能夠再被收回，繼續看糟糕的電影只會浪費你更多的時間成本和機會成本，卻無法挽救你的沉沒成本。

什麼爛劇情，真是浪費我的時間，走人！

你可能覺得這些不過只是生活中的小事，沒什麼大不了。沒錯，這些確實不是什麼大事，就算刻意避免掉進陷阱，也不過是提高一點生活效率。但是如果能從這些小事中培養一些經濟學思維，那在未來的重大決策中，掉進坑裡的機會就會少一些，尤其是在人人都有可能接觸到的投資領域中。

在投資過程中想要認清「沉沒成本陷阱」，第一就是要謹慎，待全面瞭解分析後再做決策，避免因決策失誤產生沉沒成本。換言之就是避免失誤導致虧損。第二就是要懂得及時止損，一旦出現因決策失誤產生的虧損，就要立即止損，避免虧損擴大。

很多人會覺得：

掛在帳上的都是數字，我只要不取出就不算虧損，反正它早晚會漲回來的……！

其實是不是真的虧損，並不取決於你有沒有將帳戶裡的數字變成現金，而是取決於投資產品未來盈虧的可能性。例如，你買了一家業績表現不錯、未來前景看好的股票，它可能會因為市場大環境的原因讓帳面出現暫時虧損。

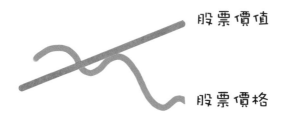

但只要這個公司的價值沒變，那你的投資就不算真的虧損，甚至能在未來有不少的收益。

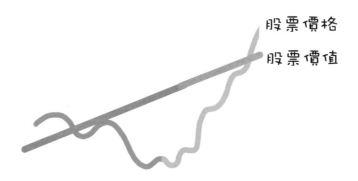

但如果買的時候你並不太瞭解公司的現況，只是朋友推薦加上有點熱度就買進，直到後來發現買到了垃圾股，甚至有可能一文不值，那麼這時自然要及時止損，將損失降低到低。

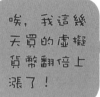

總之，付出不一定有收穫，所以在決定付出時一定要謹慎，畢竟不付出就

不會產生沉沒成本；再者，止損一定要及時，方向若錯誤，謹記停止就是進步。心理學家亞科斯教授（Hal Arkes）說過：「人生中 90% 的不幸，都是因為不甘心。」這正是很多人不懂得及時止損的原因。

1.4
人人都討厭損失

　　即使你已經知道了「沉沒成本陷阱」這回事，但想要避開它也沒那麼容易，這是因為人人都討厭損失，幾乎無人例外。

　　有一個著名的心理學實驗：是讓實驗物件們花費 100 美元購買密西根滑雪之旅的票，然後過幾天再告訴他們：

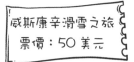

於是，實驗物件們又購買了威斯康辛滑雪之旅的票。待過了幾天，實驗物件們又被告知：

結果，大部分的人選擇了密西根滑雪之旅。理由是選擇 100 美元的行程，只會損失 50 美元，反觀選擇 50 美元的，則會損失 100 美元。

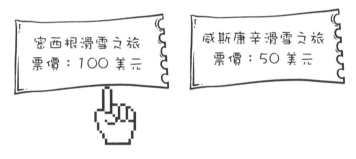

然而事實上，無論選擇哪種滑雪之旅，實驗物件們損失的都是 150 美元，區別只在於是否能收穫更多趣味和快樂。

你看，這就是「行為經濟學」中，多數人總會對「虧損」這種事過分羞愧和害怕，賺到 100 塊錢的幸福感遠遠沒有丟了 100 塊錢的痛苦來得強烈，這種現象被稱為「損失憎惡」。

參加密西根滑雪之旅的機會成本，是威斯康辛滑雪之旅的兩倍，也就是你能獲得更多的樂趣。所以，威斯康辛滑雪之旅才是最佳選擇。俗話說做人要向前看，機會成本才是對未來做出正確決策的依據，沉沒成本則是把我們困在昨天的牢籠。

最瞭解人們心理的除了心理醫生就是騙子，詐騙的核心理論多半就是利用沉沒成本，先讓目標物件交出一點小錢，然後慢慢加碼……。

　　蒙受損失的人會覺得，如果繼續交錢還有可能回本，反之若拒絕交錢，那之前交出的錢就真正變成損失了。

　　那麼問題來了：沉沒成本是否一定意味著損失？

　　當機會成本遇到沉沒成本，沉沒成本是否完全沒有意義、全然可以忽略呢？具體來說，如果老六的火鍋店開了半年卻一直在虧損，那火鍋店還要不要繼續開下去？

火鍋店的成本是沉沒成本沒錯，但卻不像電影票和時間一樣完全無法拯救，因為老六在計算開火鍋店的機會成本時，將裝修的時間成本和會計成本等都計算在內，並且平均分攤到一年的經營時間中，因此才能得到「平均每個月獲利30 萬元」的結果。

1月 2月 3月 4月 5月 6月 7月 8月 9月 10月 11月 12月

也就是說，火鍋店的沉沒成本雖是短期內發生的，但卻需要拉長時間來考慮。當然這也並不是說，火鍋店即使虧損也一定要開滿一年，我只是認為老六仍有機會透過改善口味、增加宣傳、等待旺季等方式來轉虧為盈。

降價？再去重新考察一下，調整湯底的味道？或是多做廣告宣傳？

　　從時間的角度考慮，價值包括過去的價值、現在的價值和未來的價值；從選擇的角度來考慮，機會分為潛在的機會、確定的機會、不確定的機會。所以要不要繼續經營火鍋店，端看老六對未來價值的預估，對未來機會的判斷。

　　　　要小心沉沒成本陷阱，並不代表一提到沉沒成本就要避之唯恐不及，立刻切割。

沉沒成本≠沉沒成本陷阱

　　現實生活中也是如此，如果有人開了半年火鍋店又改開麵包店，開了兩個月麵包店後又改開拉麵館，這樣只能說是一事無成。須知那些成功人士，往往

　　都是懂得在逆境中不斷堅持突破的人。

　　人人都憎惡損失，蒙受損失就如同失去光明一樣難受。但是，眼前黑暗的空間，到底是沉沒成本的陷阱？還是通往成功的隧道？沒人能幫你判斷，機會成本是指引你更趨近未來的一道光，而真正能決定未來的是你自己的認知。

　　火鍋店每個月能賺 30 萬元源於你的認知，如何才能好好經營火鍋店，這亦源自於你的認知。也就是說，判斷機會成本源自你的認知，最終選擇更是源自你的認知。

提高認知才是擴大勝率的途徑，總之：

多讀書準沒錯！

1.5

上帝只開一扇門……

有人說，上帝若關上一道門，那祂肯定會再為你開一扇窗。

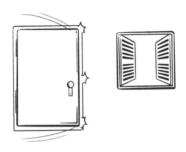

經濟學則是這麼說：若上帝為你開了一道門，那祂肯定為你關上所有窗戶……。

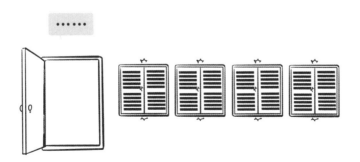

　　你永遠只能在所有選項中選擇價值最大的門，而剩下被關閉的窗中，價值最大的那扇，就是你要付出的機會成本。但現實中，人們總希望自己能多幾個選項，防止日後反悔，或在多個選擇間搖擺不定，白白浪費時間與精力。

　　這個問題老六在上高三時就發現了，班上有幾個同學既不想放棄高考，又想嘗試申請出國唸書，在上數學課時偷偷唸英文，撐到最後就是兩件事都沒做好。

　　等到後來上班工作了，老六又看到有些同事想創業，但又不想丟掉這份穩定的工作，上班時間都在偷偷處理自己的私事，等別人都升職加薪了，這個同事還在原地不動，創業也沒見成果。

　　再後來，老六自己開了火鍋店，每天忙得暈頭轉向，很多時候同時有好幾件事在排隊等著他處理，於是，老六幫自己算了一筆帳……。

一天 24 小時，減去睡覺的 8 小時，再減去早中晚三餐各 1 小時，也就是一共 3 小時，他還剩 13 個小時可以工作。

一個月平均 30 天，一共有 390 個小時用來工作，老六的火鍋店平均月淨收益 30 萬元，用 30 萬元除以 390 個小時，就能得到時薪近 770 元。這樣老六就知道，什麼價值的工作需要自己親力親為？什麼價值的工作可以交給別人做？而不是凡事都想要自己來，搞到最後就是甚麼也做不好。

比如花 1 小時的時間做一頓飯，相當於花費 770 元的時薪；而花 1 分鐘點一份外賣，只需花費 30 元的現金。

之所以這樣計算老六的時薪，是因為睡覺吃飯是維持生命的基本需求，如果把一天 24 小時都算上，相當於要求他一天 24 小時都在創造效益。

驢子都沒那麼辛苦吧！

相反，如果只算一天八、九個小時的上班時間，雖然看起來時薪更高，但這樣的生活好像有點不值得，即使不加班，閒暇時間的讀書學習也是在創造價值。更何況若只算上班時間，那其他時間都是無價值的，不管做什麼都沒有機會成本，也就沒有比較的意義。

火鍋

營業時間
11：00-22：00

$300,000 \div 30 \div 9 = 111$ 元

時薪：$1,111$ 元

當然，也不一定非要按照老六的演算法，你可以適時地為自己的每一天加點無價值的時間，比如洗澡、上廁所之類的。

時薪：770 元　　　時薪：20 元

不管怎樣，先算一下你的時薪吧，這樣你就能知道，某件事情是自己來做更好？還是請別人來做更好？同時也能知道，自己每分每秒的價值，進而更有效地利用最寶貴的資源—時間。金錢是成本，時間更是成本，而且是無法複製、越用越少的成本。

時薪就相當於你未來每小時的機會成本，利用機會成本為自己做出最有利的選擇，在某一段時間內盡力去做好一件事，而非在多個選項中疲於奔命。

這大概就是機會成本的意義！對了，也是上帝之所以為你關上其他窗的用意喔。

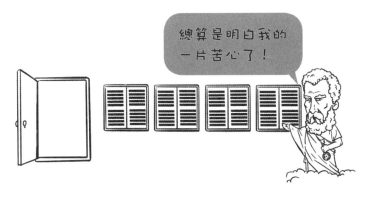

總算是明白我的一片苦心了！

1.6

「魯老六」漂流記

假如老六像魯賓遜一樣漂流到一座荒島上，為了生存和逃離荒島，他需要充分利用時間來想辦法。

在同樣的時間內，他若要下海捕魚，那就沒法砍竹子造竹筏，這是機會成本。

還是先砍竹子、造竹筏吧！

竹子砍到一半，老六發現自己忘了畫草稿，砍下的竹子長度不適合做竹筏，這就是沉沒成本。

老六只得重新砍竹子，等到竹筏終於做好了，老六數數，發現自己一共用了 15 根竹子，這即是會計成本。

　　機會成本、沉沒成本、會計成本，這對老六來說都是成本，其中沉沒成本和會計成本屬於過去時段，是已經發生的部分；而機會成本是未來時段，是還沒發生且需要想像的部分。

　　已經發生的事情，我們無法改變，尚未發生的部分，才能決定你的未來，所以機會成本才是下決定的重要依據，但人們卻總是容易掉進「沉沒成本陷阱」裡……。

既然都鋸好了，就用這個做吧！

交易

需求不隨價格變化，
但「需求量」會！

一個人只能產生成本，兩個人就能產生交易。

從以物易物到產生貨幣、買賣商品，「交易」這個名詞的使用範圍越來越廣，因為它能讓交易雙方都獲得好處。

一般人多半認為交易就是買賣，是用 3 元買入，卻以 5 元賣出的模式。但其實交易可沒有那麼簡單，它雖不像數學、物理這樣有很多公式可運用，但同樣也是一種需要透過學習來取得的知識。

2.1
假如這個世界沒有貨幣？

世界文明剛開始的時候，無須假設，這世上本來就是沒有貨幣的。人類早在最初尚未出現交易行為時，需要食物就自己打獵，需要衣服就自己摘樹葉來編織，就連生活所需的各種用具，都得利用石器來細細打磨。

自己都不夠用了，哪還有剩餘的可以用來交換？

直到後來，原始人類開始發展農業和畜牧業，生產水準相對提升許多，物資有了剩餘，大家就開始琢磨交易這件事。假設老六回到原始社會，大家不妨想像一下，那會是什麼樣的情景？

啥咪！竟然還有這種灑狗血的橋段？

老六因為具備現代科技與知識，所以若他去農夫種糧食，那麼肯定比原始人類種更多、品質也更好。

但若老六不懂得打獵，這樣一來不僅吃不到肉，家裡也沒有多餘的獵物能夠用來畜養。每天看著別人吃肉，自己肯定也會嘴饞啊⋯⋯，故而思來想去，乾脆拿出自己種的糧食去換點獵物回來打打牙祭。

首先，老六需要先找到願意和自己交換物品的人，然後還得和對方商量好交換的數量。這就迫使「以物易物」這件事出現了一點難度，畢竟不這是隨心所欲、想換就能換的，有時甚至等到菜都爛掉了，老六還找不到人跟自己交換。

然而即使這樣，以物易物的形式也依然流傳到了今天，目前仍有專門以物易物的市場，顧客可拿自己的閒置物品去跟別人的閒置物品做交換，甚至還有現金流不足的公司，可拿自己公司的產品去跟別的公司交換。但這只是現代社會中的某種補充交易形式，若沒有貨幣，完全採用以物易物的交易方式，那可能會出現不少麻煩。

首先，人們不會像現在這樣在意自己的資產，更不會熱衷於股票、奢侈品和藝術品的收藏，人們會優先考慮實用性，盡可能地去置換既實用且流通性高的產品。

買名牌包包要幹嘛？還不如用這些錢多買幾顆包子……

與上班族相比，人們可能更傾向於自己耕種養殖，以免去工作一天下來所得到的產品竟換不到糧食的尷尬。同時，糧食也會成為最具流通性的產品之一。

強勢通貨

2.2

不求上進的貨幣

　　在人類發展史上，貝殼、金屬、捲煙、糧食、牲畜等物件都曾充當過貨幣，更準確地說，應該是「一般等價物」（Universal Equivalent）。

貝殼　　金屬　捲煙　　糧食　　　　牲畜

　　貨幣的本質是一般等價物，是從商品世界裡分離出來，用以做為其他一切商品價值的統一表現的特殊商品。經典著作《資本論》裡曾說，它是商品交換發展之下的結果，然後再反作用於商品交換上，此舉大幅推動了商品交換的發展。

價值尺度　　　　　　　　　　交易中心

貨幣

這樣看來，貨幣還真是促進經濟發展的好東西啊，真可謂人見人愛，花見花開。但即使如此，它依舊有一個與生俱來的 Bug（漏洞），就是有點不求上進。

16 世紀到 19 世紀中後期，全球貨幣制度開始不斷進化，歐洲國家正式實行「金銀複本位制」（gold and silver bimetalism），也就是同時以金和銀來做為本位貨幣的貨幣制度。

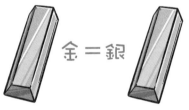

在市場中，金幣和銀幣的地位、價值都是一樣的。但說實話，在人們心裡可不是這樣……。

於是，交易中若能使用銀幣，那大家肯定不會改用金幣，此舉導致市場中的銀幣數量變多，最終就是成功驅逐了金幣。

即使是在只流通金幣的年代，市場上仍會發生「劣幣驅逐良幣」的現象。

之前不摻雜其他金屬的金幣自然成為收藏品，大量流通於市面上的都是摻雜了其他金屬的金幣。1909 ～ 1982 年，美國的 1 美分硬幣中，便含有 95% 的銅。

　　直到 20 世紀 80 年代初，銅價因為持續上漲，這才逐漸被鋅取代，現在一枚 1 美分的硬幣裡，只含 2.5% 的銅。而原來銅含量較高的硬幣，收藏價格反倒悄悄翻倍漲了。

　　對沖基金大師凱爾·巴斯（Kyle Bass）根據這個現象，曾經投資 200 萬美元買進早期的 5 美分硬幣，因為當時 5 美分硬幣中的金屬鎳含量，如今價值 6.8 美分。熔掉貨幣當然是違法的，但凱爾大師對它們之後的收藏價值，深具信心。

　　同樣的，不管是貝殼、糧食還是牲畜，人們都習慣先用品質較差者去做交易。

在戰俘營裡，捲煙做為一般等價物，人們甚至會拆開捲煙，取出少量煙絲並加入雜質，再重新卷好用來交易。

紙幣並不屬於一般等價物，它是國家發行強制使用的貨幣符號，只是貨幣的一種表現形式，其本身並不具備商品的價值。所以不管是缺角、破損還是髒污，都不影響它在市場中的價值，更並不影響它在人們心中的價值。

劣幣驅逐良幣這個理論，如今也被應用於非經濟層面上。

> 沒指價值不高的物品，會把價值較高的物品擠出流通領域！

插隊的人若未受到懲罰，日後就會有越來越的人的插隊；努力工作的人若未受到激勵，這些人未來也會慢慢向偷懶的人學習；不誠信的人如果獲得利益，那社會中講誠信的人就會越來越少。

可見，劣幣驅逐良幣並非好現象，這會給經濟和社會都帶來負面影響，社會需要不斷完善規則和制度，盡可能地規避這種現象的發生。

2.3
香菜不是必需品

貨幣能反映、衡量其他商品的價值，那它又是如何反映的呢？通常，我們要先給所有商品設定一個價格。

就像這份滷味，我用20元買進，再以30元賣出！

一說到價格，一般人多半就會覺得這當然取決於成本。人工成本、生產成本、研發成本、原材料成本、運營成本……等等，一大堆成本計算在一起，再加上一個合理的、自己想要的利益，這就是最終價格。

這可不是我心黑，我只有4成利潤，其他都是成本！

依據成本來定價，這的確是一種好方法，但若讓賣方任意添加收益，最終真能讓他們獲得滿意的利潤嗎？聽到這裡，經濟學家們肯定會大聲地說：

根據經濟學的需求第一定律：

當其他條件不變時，只要提高價格，商品需求量便會減少；待價格降至一定程度，需求量就會又開始增加！

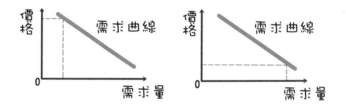

所以，價格並非透過成本決定，而是由需求決定，賣方需要在價格和需求量之間找到平衡，藉以謀求最大收益。

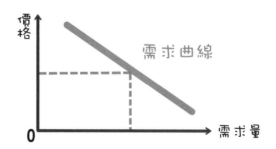

任何一條需求曲線都是傾斜向下的，價格上漲肯定會導致需求量下降。

別忘了，需求第一定律的前提是，其他條件不變。股票被追漲，是因為在股民心裡，價值變了；奢侈品被追漲，是因為在消費者心裡，社交屬性變了。

這世上沒有傾斜向上的需求曲線。有些特殊商品，價格一旦發生變化，就會引起其他條件的變化，進而導致需求曲線移動，藉以重新定義價格和需求量的關係。

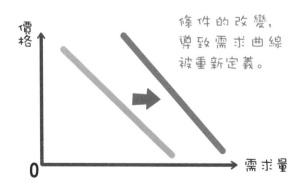

不對啊！就算不會越買越貴，但有些生活必需品就是再貴也得買，例如鹽巴，還有水。

　　需求量可不是需求，不管鹽巴有多貴，人們都需要吃鹽，不管水有多貴，人們也需要喝水，這就是需求；但若價格太貴，我們可以少吃點鹽，也可以少喝點水，這是需求量。需求不會因著價格而變化，但需求量會。

　　生活必需品的確比較能夠抵抗價格波動，但它的需求曲線變化也只是表現得較為平緩而已，絕對不會變成垂直：因為當價格高到一定程度時，人們就會少吃點鹽（從需求曲線看，需求量會變成 0）。

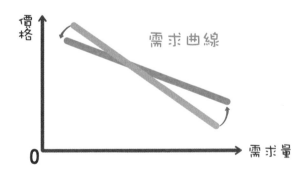

需求曲線不斷延長，當與價格的縱座標軸相交後就進入第二象限，需求量變成負數。這意味著，當價格高到一定程度，人們就會忍不住從需求者變成供給者。

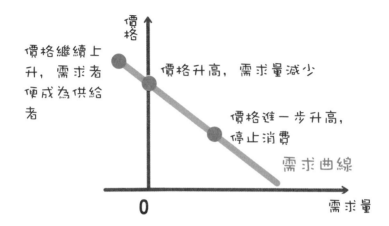

舉個例子。老六的火鍋店進入旺季後生意興隆，大家都有點忙不過來，餐廳急需應徵新人加入。可是前來應徵的人都要求高薪，老六一看實在沒辦法，橫豎一咬牙，自己辛苦熬過旺季便罷。就這樣，老六從需求者變成了供給者。

　　需求量和價格之間的關係，也並非一成不變，而是會隨著時間的推移而變化，這就是需求定律的第二項：

需求對價格的彈性，和價格變化之後流逝的時間長度成正比！

　　這個定律首先是說明需求有彈性。例如雞排從每公斤30元漲到36元，價格上漲20%，老六計算了一下，發現原來每10個客人中就有8個人點這道菜，但現在下降到了6個人，需求量下降25%。需求彈性 =25%÷20%=1.25。

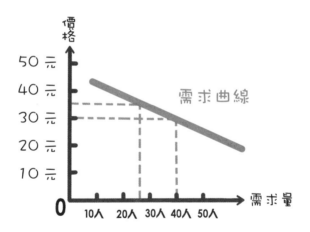

需求的價格彈性 = 需求量的變化比例 / 價格的變化比例

當需求彈性大於 1 時就說明了，這種商品屬於非必需品，比如煙酒、飾品等生活中可有可無的東西，價格稍微出現變化，需求量就會迎來較大浮動。當需求彈性小於 1 時，說明這種商品屬於必需品，比如鹽、水等，消費者不會因為價格出現些許變化而大幅減少需求量。

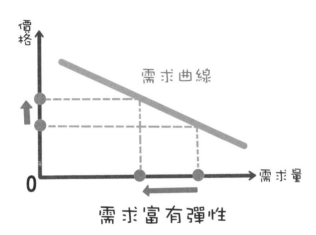

需求富有彈性

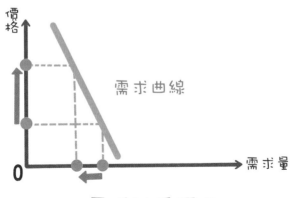

需求缺乏彈性

在同一條需求曲線上，斜率是處處相等的，但需求彈性的大小則不是。在價格高的地方，商品需求彈性較大；在價格低的地方，需求彈性則較小。

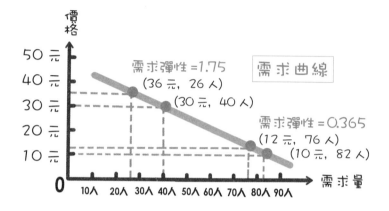

價格變化之後，需求彈性隨著時間的推移會越來越大。這是因為人們會找到替代方案：替代方案越多，需求彈性就越大。沒有所謂的剛需，人們總能找到替代方案。

同樣的，老王店裡的雞排之所以需求彈性大，就是因為店裡有足夠多的替代品。

所以經濟學家說：這是奢侈品還是必需品，取決於價格。
每瓶要價 10 萬元的水，絕對算得上是奢侈品。但隨著價格
下降，奢侈品也可能變成必需品。

只不過挑食的老六肯定不這麼認為：

2.4
被「定錨」的可樂

價格的改變會影響人們對某件商品的需求量。在經濟學中，這就是需求定律；在行為經濟學中，這是因為—

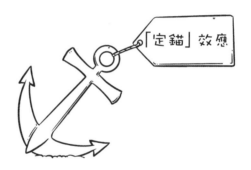

經濟學家阿門·阿爾伯特·阿爾奇安（Armen Albert Alchian）說：「一個人對一件商品的個人估值，是他為了得到這件商品所願意支付的其他商品的最高數量。」但實際上，人們往往不知道生活中的大部分商品到底價值幾何？

老六願意花 35 元錢買一瓶可樂，並不是因為認同它的價值，而是因為—

從此以後，老六便覺得 35 元錢就應該是一瓶可樂的價值，如果某天可樂突然降價到 30 元錢了─

如果可樂突然漲價到 5 元錢─

但是，如果老六第一次購買可樂時就花了 30 元，那他就會覺得可樂的價值就是 30 元，這就是「定錨效應」（Anchoring Effect）。人們對一件商品的估值往往源自於經驗，也就是在之前的購買經歷中曾付出的價值。

現在市場上飲料品種多不勝數，有些甚至能賣到近三位數的價格，反觀某些老字號的飲料公司卻對漲價這件事異常小心。因為它們的價格已經被「定錨」，每改一次售價，都會讓消費者自動去對比之前的價格。

人們天生就很善於比較，雖然有時候透過比較得到的結論不一定正確─兩個完全相同的圓在比較過程中，也會因為參考物件的不同，進而得到不同結果，但即便如此，人們就是無法跳脫這個愛比較的輪迴。

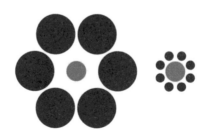

一個雞排賣 50 元其實挺划算，但想想之前的人吃到的是賣 35 元的雞排，

人們通常會因此願意退而求其次地改點一包鹹酥雞過過乾癮。

老王本對火鍋店每個月 3 萬元的營收感到挺滿意的，但在得知隔壁川菜店每個月營收是 30,001 元之後，他就突然開始對火鍋店的獲利數字不太滿意了。

這個狀況就足以解釋，為什麼人們想買一支 15 元的原子筆時，絕對不肯搭上 10 塊錢的運費，而若添購一台 3 萬元的冷氣，卻往往不會在意 500 元的安裝費。

因為比較對象不同！

每公斤 30 元的蘋果漲價來到每公斤 35 元，這也絕對比 1 萬元的手機漲價到 10,002 元，更能引起消費者的情緒變動。

為什麼需求定律說，高價的商品，彈性較大？

　　因為從需求的價格彈性公式來看，手機若和蘋果一樣漲價 20%，那麼價格就是 12,000 元。上漲 2,000 元引起的需求量變化，肯定比上漲 5 塊錢引起的需求量變化來的更大，也就是價格高的地方，彈性更大。

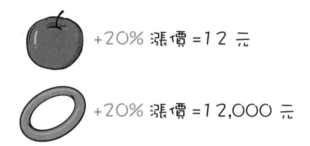

+20% 漲價 =12 元

+20% 漲價 =12,000 元

2.5

起飛前的最後一刻……

供給方也不總是在價格變動上小心翼翼，消費者擁有定價的錨，他們也有別的法寶。最厲害的當屬航空公司，他們操縱機票價格即時變動，彷彿算準了消費者在每個時刻的最高出價。

理性的人會考慮邊際量！

邊際量就是指，某個經濟變數在一定的影響因素下發生的變動量。如果一種投入要素連續等量增加，總是存在著一個臨界點，在這一點之前，邊際量遞增，超過這一點，邊際量將會出現遞減的趨勢，直到出現負值。

其實每趟飛行從油費、人力成本到飛機的折舊耗損，成本肯定是固定的，將這些成本分攤到每個座位上也並不難算。但實際上，你在登上一架飛機後會發現，你鄰座的票價可能和你的完全不同，這是為什麼呢？

這就要從「邊際效應」說起。

老六在非常饑餓的時候花 25 塊錢買了一個御飯糰，獲得了 10 個單位的滿足感，接著又花 25 塊錢買了第二個御飯糰，獲得了 6 個單位的滿足感，再花 25 塊錢買了第三個御飯糰，滿足感僅增加了 2 個單位，因為依然獲得了滿足，所以他又掏錢買了第四個御飯糰，這下吃撐了，減少了 2 個單位的滿足感。

老六很後悔，覺得真不該買第四個御飯糰，但他不知道，其實從第三個御飯糰開始，他就已經不該再買了。因為他花了 25 塊錢，才買到 10 個單位的滿足感，與前兩個御飯糰帶來的滿足感相比，明顯虧了。

如果商家了解「邊際效應」（Marginal Utility）這個原理，就可以第一個御飯糰賣 50 塊錢，第二個御飯糰賣 30 塊錢，第三個御飯糰賣 10 塊錢，這樣三個御飯糰可以賣 90 塊錢，比之前三個御飯糰都賣 25 塊錢多賺了 15 塊錢，還能給顧客更好的體驗。

可惜，現實生活中，我們無法精確知道每位顧客的邊際量，所以商家往往會採用比較籠統的方式，比如：

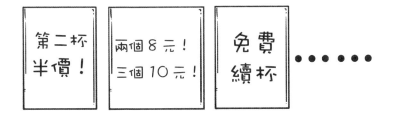

而在一些比較方便掌握顧客邊際量的情況下，比如演唱會、舞台劇表演之類的現場展演，主辦方就會根據座位來收費，視覺效果越好的位置，觀眾獲得的滿足感越強，票價自然就越貴。

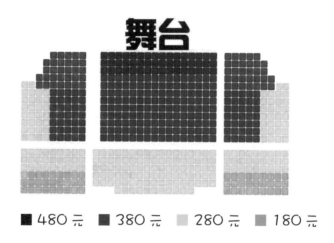

雖然飛機票價變動的原因很複雜，但也可以粗略地用邊際量來解釋。在飛機即將起飛的前一分鐘，這趟航班若還有空位，那麼理論上即使 1 塊錢也可以賣掉。只不過航空公司肯定希望，能夠早早就將座位全部賣出……。

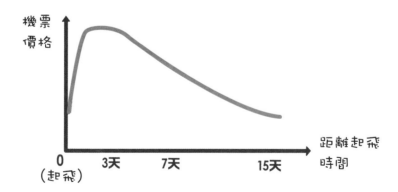

2.6

買不了吃虧，買不到上當

「需求定律」（Law of Demand）只說明了價格與需求量之間的關係，實際上，消費者的購買意願，很容易受到市場和賣方的影響。在這一點上，供給者們比經濟學家更有發言權，因為他們總會利用這點來獲取更多利益。

商品想要漲價，卻又擔心價格影響需求量？沒關係，把它變成另一種商品就行了。

　　相較於之前店面只有簡易裝潢，偷偷使用調味粉勾兌奶茶、咖啡的飲品店，現在的手搖飲品店、咖啡廳，總是會把環境裝修得既清新又高級，擺滿各式好看的小擺飾，就是營造成當今最火紅的網紅店；而免洗紙杯上甚至畫滿可愛的圖案，看板上寫著應季水果、鮮奶鮮茶的字樣，點單時還可選擇甜度……，這樣一來，再簡單不過的飲品順勢擺脫過去的「錨」，搖身一變成為全新的商品。

　　消費者在嘗試過一次之後，體驗感不錯，於是有了第二次、第三次的消費，漸漸地，對於此類飲品的「錨」就改變了。

　　想給一種全新的商品定價，號稱「珍珠王」的義裔美國商人薩爾瓦多·阿薩爾是這樣做的：將無人問津的黑珍珠放到高級的珠寶店，在一堆名貴的珠寶中標示昂貴的價格。同時更在雜誌上連登數日廣告，讓人們心甘情願地買單。

黑珍珠旁邊擺放的珠寶都價格不菲，人們自然認為黑珍珠也是如此，商家可不會將不值錢的玻璃擺在櫥窗裡。當人們第一次用昂貴的價格買下黑珍珠，那黑珍珠在人們的心裡，便擁有了這樣的價值。

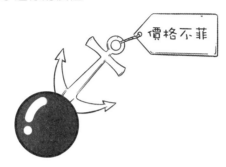

然而商家的套路可不止如此，有些商家擅於搞「饑餓行銷」，讓門口排起長長的隊伍，路過的人看到有人排隊，就會覺得這家店一定不錯，於是跟著排隊，隨後即使再來更多人，也依然如此。

這是因為人們對於未接觸過的事物無法快速做出判斷，喜歡根據其他人的行事作風來做判斷，比如在網路上購物前會先看看買家評價，選擇時也更願意接受朋友推薦。所以，注重口碑和評價的商家，往往能把店鋪經營得更好。

而另一種「饑餓行銷」的方式就是「限購」，例如「每人限購兩個」這樣的標語便經常讓人難以抗拒，畢竟如此稀缺的商品，若每人只有限購兩個的權利，

不買豈不代表就是你放棄權利。

不買豈不是虧了？

此外，商家還非常擅於利用廣告來吸引消費者，原本價值 10 元的鮮奶，一旦請了明星代言，往往就能抬高售價，就算賣到 40 元一瓶都不為過。

純鮮奶

純鮮奶

售價：10 元

售價：40 元

在電視上、路邊的海報中、百貨商店的櫥窗甚至是辦公大樓的電梯裡，隨處可見各種品牌的廣告。

　　商家花費了巨額廣告費，就一定能賺回來。因為消費者相信，砸下巨額廣告費的品牌，一定是想做長期的生意，肯定會更注重消費者的使用體驗和口碑，相比於無人知曉的品牌，更能保證品質。

　　同時，總是在電視上聽到一個品牌的名字，也會讓你在逛超市時不由自主地想去拿起它，因為你感覺自己對它已經很熟悉，你的大腦已經記住並且接受了它。

　　此外，消費者總是對「免費」兩個字難以抗拒。例如你到超商本來只想買瓶鮮奶，但看到最大瓶的鮮奶上綁著兩小盒鮮奶。

你猶豫了一下，最終還是選擇了最大瓶的鮮奶，即使你知道自己有可能在保質期內喝不完。

你在網路商店上看到兩件 T 恤，你更中意綠色的那件，可是當你看到藍色的那件含運費時，你的心意可能就變了。

還記得我們之前講過的沉沒成本嗎？

因為人們憎惡損失，所以非常喜歡免費的東西。免費意味著不會有損失。免費領取一個價值 5 元的商品，和花 1 元換購一個價值 10 元的商品，大部分人會選擇免費領取。

　　理性的人會計算成本和收益，「9–1」的結果一定大於「5–0」。而在非理性的人看來，免費得到價值 5 元的商品就是賺到了。可一旦花了錢，就會對商品格外挑剔，如果商品品質不能讓你滿意，那就算是損失了 1 塊錢。

　　對於需求方來說，在消費上的非理性可謂與生俱來。後天的學習可以讓人們變得更加理性，遵守自己內心的需求，不與他人比較，不被情緒影響，更有效地利用自己的財富。

　　對於供給來說，交易中處處是知識，想要把自己的商品賣出去可就沒那麼容易了。

市場

透過宏觀調控，
讓系統自動運轉

　　只需兩個人就能形成交易，而且交易規則簡單，只要雙方同意即可。而交易發生次數一多，便逐漸形成市場，規則也漸趨複雜多樣。

　　市場是多方參與交換的多種系統，是商品和建立服務價格的一種過程。

3.1

是競爭，還是合作？

　　續接之前提到的「邊際效益」原理，老六最饑餓的時候，吃一個御飯糰可以獲得 10 個單位的滿足感，但他只付出了 25 塊錢。如果讓他付出 30 塊錢，他也是願意的，甚至就連 35 塊錢也可以，40 塊錢也行。

　　這是他對御飯糰的個人估值，也就是他為了獲得這個御飯糰願意付出的最大代價。

　　但實際上，一個人想要購買一件商品，往往不需要付出他願意付出的最大代價，而是只需要付出一個市場公認的代價就可以。

正值晚餐時間，以往在這個時候都是老六火鍋店裡最忙碌的時刻，可是今天廚房的水管突然爆裂，導致火鍋店沒辦法繼續營業，因為水不斷地往外冒，時間久了還會導致地面、櫥櫃和桌椅等設施蒙受損壞。

誰來救救我！

考慮到營業利潤和相關設施的成本耗損，老六急需找到一個水電工來修理水管，為此，他願意付出 1,000 元的代價。然後，水電工來了，換下幾個螺絲就把水管修理好了，最後只收取了—

400 元！是付現還是刷卡？

　　這400元到1,000元之間的差距，就叫作「交易剩餘」，不過此次交易中的剩餘可不止這些。因為水電工只是檢查一下管道，並換下幾個螺絲，整個修繕過程並不複雜。如果水電工的店舖距離火鍋店也不遠，那他最大的成本就是自己的人事成本。而根據他自己的付出，水電工覺得：

其實只要250塊錢，這個案子我就願意接下了。

　　250元到400元之間的差距，也叫「交易剩餘」。也就是說，在一次交易當中，交易剩餘由兩部分組成，分別是消費者剩餘（Consumer Surplus）和生產者剩餘（Producer Surplus）。

　　當然不是所有交易都有剩餘，屏除詐騙、綁架、強行交易、壟斷等違法行為以外，產生交易剩餘的前提是雙方必須是在自願、資訊對稱、理性的情況下進行交易，這也是目前市場上的大多數情況。

　　因為交易雙方都存在剩餘，所以交易對彼此都有好處。這就是經濟學十大原理中的第五項：

　　　「交易」能使每個人的狀況變得更好！

　　雖然交易中也存在著競爭，但這種競爭不一定非得要分出個輸贏，而是可以實現「雙贏」。

　　例如老六有兩畝地，一畝用來種西瓜，一畝用來種黃瓜，西瓜能產出 200 公斤，黃瓜能產出 150 公斤。隔壁老王也有兩畝地，一畝用來種西瓜，一畝用來種黃瓜，西瓜能產出 150 公斤，黃瓜能產出 200 公斤。

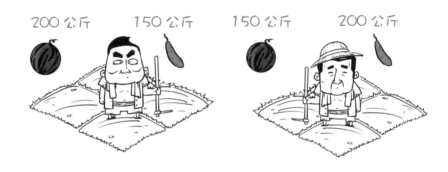

　　於是老六就提議，他的兩畝地都用來種西瓜，老王的兩畝地都用來種黃瓜，最後老六用一畝地的西瓜換老王一畝地的黃瓜，這樣兩個人就都能得到 200 公斤的西瓜和 200 公斤的黃瓜，整個市場也因此多了 50 公斤西瓜和 50 公斤黃瓜。

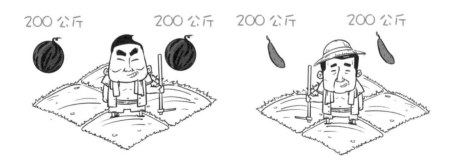

交易中既存在著競爭也存在著合作，其最重要的作用在於，讓資源能在不同個體、群體之間互通有無，從盈餘處流向相對欠缺的地方，進而提升整個市場的資源利用率。

一旦資源利用率提高了，市場就能做出更大的蛋糕，市場中的每個人也能因此分到更多蛋糕，這就是交易能使每個人的狀況變更好的原因。

你不需要會耕種、做飯就能吃飽。你也不需要懂得織布、做衣服，也就能穿得暖和。生活中用到的很多家電用品，你甚至不知道它們的運作原理，但這也並不妨礙你使用這些家電設備。

市場是一個協同合作的地方，有時即使生產一件小小的商品，也需要生產線上的眾多工序來配合，甚至是每道工序上所需參與的人力，更顯重要。人們只需找到自己的相對優勢，付出自己最擅長的勞動或擁有的資源，參與市場當中，自然就能獲得更好的生活。

3.2
看不見的手

市場的結構錯綜複雜，很多交易卻可以在此有條不紊地進行，這完全得益於「市場」這個組織的原因！

經濟學的第六個理論就是：

市場通常是組織經濟活動的最佳模式！

蘇格蘭古典政治經濟學家亞當·史密斯（Adam Smith）在其著作《國富論》（The Wealth of Nations）中便曾說：

市場是一雙看不見的手！

這句話指的就是市場的宏觀調控。

那麼市場又是怎麼調控的呢？

首先，根據上一節的內容可以知道，人們為了獲得更好的生活，所以必須出門工作，有意或無意地參與到市場中，為市場提供商品和服務、創造價值。

同時，市場還會指導人們應該生產什麼？或說是市場上缺少什麼，就會讓人們生產什麼？老六把他在上一節內容中提到的西瓜收成後再拿去販賣，發現今年市場上的西瓜產量並不多，他的西瓜很快就被一掃而空。

第二天，他再稍微調漲了一下西瓜的售價，結果依然是很快地便一掃而空。

　　老六萬萬沒想到西瓜竟然這麼好賣，於是趕緊回去多種一點，把原本用來種黃瓜的農地也全部拿來改種西瓜。可是其實這時不只老六發現這個西瓜商機，市場上的其他人也發現了，於是等到老六收成這第二批西瓜並擺到市場上販售時，市場上的西瓜早已變多了，老六這時只能降價促銷，瘋狂甩賣。

　　而由於種黃瓜的農地當時都被拿來改種西瓜，所以就在西瓜降價的同時，黃瓜開始漲價了，老六這時又趕緊把全部的農地重新改種黃瓜。

市場其實會用價格來說明自己的需求，同時刺激供給者增加供給。不是所有的供給者都會頻繁更換自己生產的商品，畢竟很多商品的製程時間和資產投入，並不像種西瓜這樣簡單，但他們依舊會根據市場傳遞的資訊，決定自己生產商品的數量，以求達到供需平衡。

每個行業的商品價格都會出現週期性的波動，即使是西瓜降價也仍舊堅持種西瓜的人，總有一天能再等到西瓜漲價的時候到來。

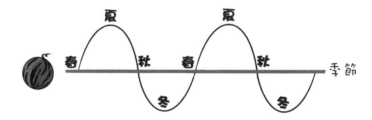

其次，市場會調節供給者如何生產。

如果老六的火鍋店客人變少、連續虧損，那麼老六肯定會開始焦慮，到處尋找到底是哪個環節出現問題？要嘛改進鍋底口味，要嘛提升食材質量，要嘛降低價格，要嘛乾脆將整個店鋪移至人潮更多的街道上……。

畢竟如果老六不採取行動，那麼未來等待著他的只有一

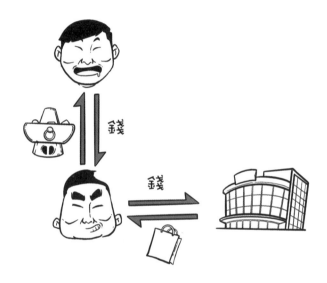

　　這就是市場的回饋機制，能讓供給者自我調節，藉以達到成本更低且更有效的生產方式。最後，市場決定商品去向。生產好的商品該如何分配？不是給年齡最大的，也不是給地位最高的，更不是給力量最大的，或是最有學問的，反而是給出價最高的獲得。這就促使人們參與市場活動，並在市場上發揮作用，為他人創造價值，進而為自己換取更多財富，再用這些財富換取自己需要的商品。

　　這樣的分配也是為了市場效率著想，畢竟若只按照年齡、社經地位、力氣大小、學問高深與否來分配商品，那麼人們就會變得只專注在提高自己專精的這些特定領域上，市場無法獲得它想要的效率，社會自然難以發展、進步，走到最後就是變成與我們今日截然不同的社會型態，比如以武力為尊的社會。

　　只有按照出價高低來分配商品，才能回到市場調節的第
一步。至此，透過這雙「看不見的手」畫下一個圈，市場成
功達到一個完美的循環。

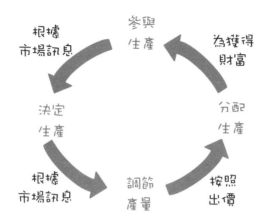

　　在「看不見的手」的作用下，人們的出發點雖是利己，
但其最終結果卻是利他。市場可讓互不相識的陌生人分工合
作，透過價格和供需關係來糾正錯誤、指導生產，讓整個系
統自動運轉。

3.3

買、賣雙方在賭博⋯⋯

　　當兩人進行交易時，想要達成共識並不難。但市場上的交易往往不只買、賣雙方，通常還會涉及其他方面，所以交易所需耗費的成本往往比你想像的高出許多。

　　如果老李想吃火鍋，他可能會先上網搜索，根據評價比較一下，這是交易費用。

看看哪家火鍋店的網路評價較高？

　　等選定一家下班直奔過去，發現門口排著大長隊，心想來都來了，等等就等等，這也是交易費用。

除此之外，稅費、手續費、仲介費都是交易費用，甚至工作中的溝通、買賣中的討價還價、偶爾被欺騙或者買到品質差、不合適的商品，都是交易費用。

在網上購物剛興起的時候，人們樂此不疲，因為網上購物相比於線下購物節省了太多交易費用。

但時間久了，人們就發現網上購物的交易費用也並不低，因為沒有看到實物而產生的資訊差，經常會讓人產生退換貨的煩惱。

交易中的交易費用由誰來承擔，取決於交易雙方誰更想要達成交易。

火鍋店的門口排起長隊，大概率是因為便宜又好吃，所以相較於店家，顧客更希望能成交。

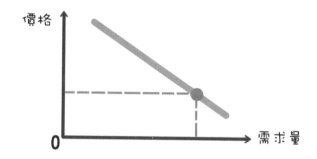

如果老六給菜品漲價，排隊的人就會減少，價格上漲到一定程度，人就會更少。

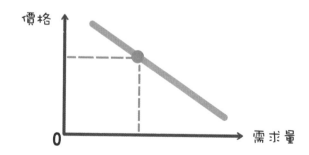

這時老六更希望達成交易，就需要提高服務品質、改善環境等。

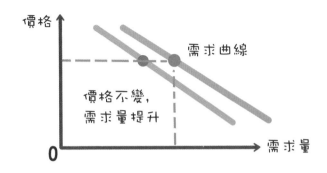

現在網上的商家因為競爭激烈，更希望達成交易，所以會制定很多有利於消費者的條款。在沒有網上購物的年代，消費者購物沒那麼方便，所以更希望達成交易，無理由退換這種事基本上是不可能發生的。

可能有人會說，這些都只是為了交易做出的讓步，真正要花的錢比如稅費、佣金等，早都規定了該由誰付。

理論上這麼講沒錯，但實際上這部分費用是由雙方共同支付的。前面我們講了需求曲線，現在我們在需求曲線上再加一條供應曲線。

與需求曲線相反，在供應曲線上，價格越高供應量越大，價格越低供應量越小。需求曲線與供應曲線的交叉點就是供需平衡的價格。

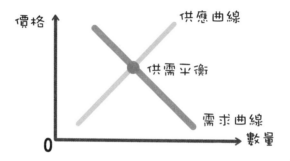

如果在這個價格上徵稅，供應者就會少收一點錢，需求者則多付一點錢，兩者再次達成新的平衡。

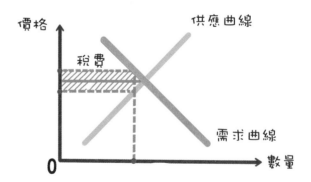

與需求曲線相同，供應量相對價格也有彈性，供應曲線上各點的彈性也不相等。

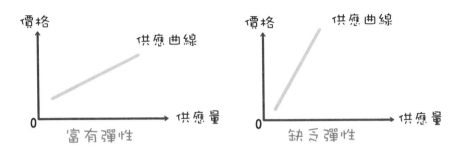

供應方和需求方誰的彈性更小，誰承擔的稅費就更多，也就是我們之前說的，誰更想要成交，誰就要承擔更多的交易費用。

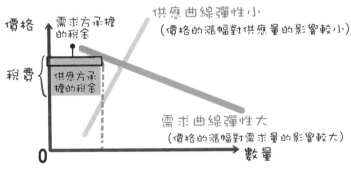

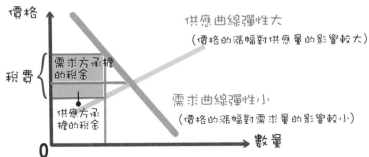

　　再比如員工的社會和養老保險，以及公司福利等，雖然國家規定了公司和員工的繳納比例，但如果員工更希望得到工作，就會降低工資要求實際上也是承擔了部分社保，如果是公司更需要員工為他工作，就會提供更高的工資和更好的福利，實際上也就承擔了更多的社會保險。

3.4
在「規則」之內行事

　　市場自有它的規則，可一旦涉及金錢，人們就會自動進入市場規則，改用金錢來衡量一切。美國行為經濟學家丹‧艾瑞利（Dan Ariely）在他的著作《不理性的力量：掌握工作、生活與愛情的行為經濟學》（The Upside of Irrationality）中，便詳細描述了社會規範和市場規範之間的差異。

　　如果你的朋友邀請你去他家做客，那你最好是帶著禮物前去，而不是在吃完飯後付錢了事。你若想請鄰居幫你搬一下沙發，那你最好是向他表示感謝，而非在搬完沙發後塞錢給對方。

　　因為你和朋友、鄰居是建立在社會規範之下的關係，那麼你們可以一起用餐、互相幫助，這會讓雙方都感到愉快。

可是一旦涉及金錢，那麼你們雙方的關係就可能遭受破壞，同時也讓大家的交往變得不那麼積極。

市場規則

這可不是隨便說說的論點，美國行為經濟學家丹·艾瑞利為此做過一個實驗。他給實驗物件們發佈了一個任務：要求大家在 5 分鐘內盡可能多地拖動螢幕上的圓圈。

實驗物件被分成三組，第一組給予的報酬是 1 美元，第二組給予的報酬是 5 美元，第三組則沒有報酬，只是跟他們說，請求他們幫個忙。

　　結果，第一組的實驗物件在 5 分鐘內平均拖了 101 個圓圈，第二組實驗物件平均拖了 159 個圓圈，這完全符合我們所認識的市場規則：報酬越高，人們工作就會越努力。

　　那沒有報酬的第三組，結果又是怎麼樣呢？沒想到他們竟然平均拖了 168 個圓圈，甚至比拿較高報酬的人，工作得更賣力。

　　這就是為什麼人們很容易對工作感到疲憊，卻會願意去從事一些義務勞動。人們除了金錢，也同樣需要滿足自己的社會責任感、榮譽心、成就感，以及被尊重、被愛護等心理層面的需求。

　　緊接著，丹·艾瑞利又稍微更動了實驗內容，這次給三個組的報酬是價值不同的禮物，不過並沒有事先告訴實驗物件禮物的價值，只用禮物表示感謝，而這次三組人馬都像之前沒有任何報酬的那組一樣努力。

　　如果同樣是贈送禮物表示感謝，但在禮物上標明價格，這又會怎樣？

　　實驗證明，禮物上的標價就像現金一樣會刺激人們，大家會按照標價來決定自己的工作效率。由此可見，只要一提到價格，人們就從社會規範進入市場規範。

　　再者，公司為了提高員工的忠誠度，促進員工積極自主地完成工作，那麼最好的方式就是，將勞資雙方的關係維持在「社會規範強於市場規範」的程度內。雖然員工是為了薪水來上班，但如果員工能在生病時得到照顧，在福利上得到關心，在過節時得到禮物，在有成就時得到榮譽，也就是讓社會規範強於市場規範，那麼一來，員工自然會更加忠誠，努力為公司創造更多價值。

　　人們不會為了工作和錢而犧牲生命，但卻願意見義勇為，例如軍人、執法人員、消防隊員、醫護人員等，這些人往往也更加願意為了使命感和責任心而戰。

國家

釐清經濟週期 VS. 通貨膨脹

市場有調節、糾正和指導的功能,但這些功能並不總是有效,不然就不會發生經濟危機、金融風暴這種事了。

當市場無法進行自我調節的時候,就需要政府的干預。但政府干預也不總是正確的,不然就不會發生──

通貨膨脹

4.1
看得見的手

市場機制想要持續有效調控的前提，和傳統經濟學行之多年的前提一樣，就是參與市場的都是理性的人，不管是需求方還是供給方，雙方都非常理性，能夠及時接收市場發送的信號。

可惜事與願違，市場上的多數人往往不夠理性，需求者容易被情緒控制，而供給者則容易受到利益蒙蔽，這時就需要國家、政府出面干預了。

比如我們常常聽到的「反壟斷」。

一個行業中只有一家公司說了算，這就是完全壟斷。

一個行業中有幾家公司說了算是常態，但絕對不該是完全壟斷。

不管是哪種型態，一旦市場出現壟斷，消費者在該行業內的選擇權就會變少，話語權也開始縮小，甚至要被迫接受所謂霸王條款……，這時，市場機制就很難充分發揮作用。

台灣《公平交易法》施行後，政府可以透過法律手段來限制壟斷和反對不正當競爭，具體方式是對壟斷行業進行管制、規定限價或利潤率。

市場自帶競爭性這是常態，而競爭往往又具有強者越強、弱者越弱的特質，財富越來越趨向富人集中的效應，肯定難以避免。而人與人之間、地區與地區之間的貧富差距，更是容易滋生不公平，從而激發社會產生矛盾，讓市場更加難以健全發展。

所以，政府持續積極控制失業率，給予貧困人口福利補貼等措施，無非就是希望藉此保障這個組群的基本生活，甚至大力開發貧困地區，努力縮小貧富差距，諸如此類皆是。

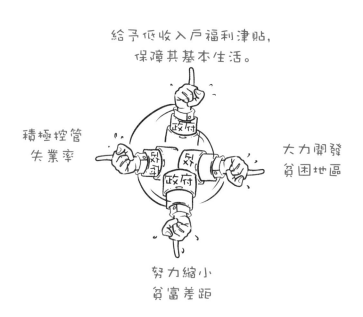

此外，國家推動人民義務教育、建設公共設施、維護社會秩序、治理環境污染、制定商品標準、鼓勵創新發明等，樁樁件件都是對市場的干預，更別說南水北調、東數西算這種市場上難以做到的大型資源調度、利用。

而這就是經濟學十大原理中的第七項：

政府有時可以改善市場結果！

市場經濟具有很多優勢，但也有明顯的不足，比如會因為自然壟斷、資訊不對稱和公平問題等導致調控失靈，進而引發資源配置效率下降、環境污染等問題。

不過截至目前為止，有些經濟學家仍不認同這個原理，認為政府本就不應該干預市場，而上述的論點辯證，已經持續十幾年之久……。

正方認為，有效的市場機制加上有為的政府，這才是高效的經濟體系，若放手任由市場自行調節，往往容易出現貧富懸殊、失業率大增、社會動盪、經濟危機等問題，故而若想避免上述問題產生，自然必須靠政府這雙「看得見的手」來控制。

美國歷經兩次金融危機，不都是靠貨幣、財政兩大法寶度過難關的嗎？

反方則認為，政府最好不要過度干預市場，只需保證社會公平安全，發展公共事業，市場自會發揮其功能。

還說呢！金融危機本身就是政府過度干預市場的結果。

4.2

做多少事情，賺多少工資

政府干預市場，最常用的手段就是印鈔票。

為什麼要印鈔呢？先容我來講個小故事。

話說，有一座小島名叫第一座島，島上的居民有人種田，有人打獵，大家分工明確。

後來考慮到糧食和動物攜帶不方便，大家都同意採用貝殼當錢來交易。而整座島上，大家一共只有 100 個貝殼，而好在小島面積並不大，這個數量足夠大家交易和流通。

　　直到有一天，有一個科學家來到小島。

　　他把全新的水稻種植技術傳授給農民，糧食產量開始出現不可思議的提升。也因為糧食增產，農民賺錢速度變得更快，很快地就把獵人手裡的貝殼全部交換到自己手上，農民團體開始擁有島上的所有貝殼。

此時，農民不再生產多餘的糧食，因為獵人已經沒有貝殼來購買糧食，小島的經濟也不再增長，整個停頓在 100 個貝殼的級別上。

距離第一座島小島不遠的另外一座小島有鑑於此，他們於是改用竹片來代替貝殼。

但這座小島上，有一位深具智慧的老人勸大家：

島上到處都是竹子，大家只要自己造竹片就能換到糧食，這樣不就沒人願意投入生產了？

於是，他們乾脆請這位老人在竹片上刻字來表示授權，只有已刻字的竹片，才能當錢使用。

此外，他們也學習第一座島的水稻種植技術，並在老人指導下，糧食產量每增長 10%，就新增 10% 的竹片用交易。這樣一來就能避免經濟還在增長，但卻沒有竹片可以流通的困境。

緊接著，又有第三座島上的人聽說了第二座島的致富故事，於是依樣畫葫蘆地施行，島上的經濟也開始突飛猛進。

但可怕的是，人們一旦富裕了，往往就會開始變得貪婪，大家覺得在竹片上刻字實在太麻煩，於是投票通過取消刻字這個程式。

一夜之間，島上冒出了好多竹片，每位島民也都囤積了很多竹片，大家都認為這就是財富的象徵。而大家因為都自認是富翁，所以自然沒人願意幹活，時間一久，種植和打獵技術都退步了……。

此時不巧趕上大旱，整座島上就剩下幾隻野兔，大家想要糧食就得和其他島上的人交換。

他們於是來到第二座島，第二座島上的民眾看到他們的竹片上沒有長老的刻字授權，所以拒絕交易。

所以他們又來到第一座島。

第一座島上的人民倒是同意交易。

但是他們要求，必須使用在第一座島上流通的貝殼來交易，而且規定 1,000 個竹片只能換 1 個貝殼。

第三座小島上的人民想了很久，還是決定忍痛交易。回到島上之後，他們痛定思痛，重新找來長老幫竹片刻字，並且銷毀了很多無效的竹片。

很快地，各島之間就開始出現，100 個竹片兌換 1 個貝殼的狀態。

與此同時，他們努力恢復農田生產，第一座島的島民也漸漸願意和他們進行平等貿易。

發生在這三座島上的故事可能有點簡單，但基本上卻充分表現了經濟如何增長？貨幣如何貶值？而這當中，最完美的經濟體是以其中的貨幣和產出等，出現均衡的比例增長。

產量增加，貨幣不增值！通貨緊縮導致經濟停滯。

產量增加，貨幣等比例增值！經濟發展健全。

產量未增加但貨幣增值，通貨膨脹導致貨幣貶值！

　　如果貨幣和產量並未出現等比例增長，這樣就會造成通貨膨脹（Inflation）或通貨緊縮（Deflation）。

 通貨膨脹　 通貨緊縮

　　這就是經濟學十大原理的第九項：

政府發行過多貨幣，將會導致通貨膨脹！

　　通貨膨脹是指貨幣的發行量超出實際需要量，進而引起貨幣貶值、物價上漲的經濟現象。大多數嚴重或持續發生的通貨膨脹，都是由於貨幣量的增加，超出實際流通需要量。

　　經濟學家們對此項原理也持兩派觀點，一派認為通貨膨脹的原因很多，比如進口貿易過多、國內生產水準不足、人民消費瘋狂、供給方隨意漲價等。

　　而另一派則認為，通貨膨脹的原因只有一個—

政府發行的錢太多了！

4.3

花未來的錢，滿足現在的發展

　　每個國家當然都知道印太多的鈔票會導致通貨膨脹，可還是會持續印鈔票，目的無非是為了促進經濟發展。經濟雖然看起來很複雜，但其運行方式其實很簡單又機械化，本質就是所有交易的總和。

　　換言之，花錢就是經濟的驅動力。

　　老百姓、企業、銀行、政府都在花錢交易，但這當中最大的買家和賣家都是政府。政府則由兩大部分組成，分別是─中央政府和中央銀行。

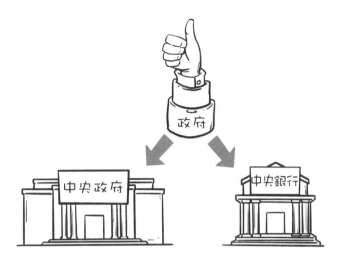

　　中央政府主要掌管稅收和支出，中央銀行則透過發行貨幣來控制經濟活動中，金錢的數量，再以調節利率的方式把錢借給別人，讓信貸成為經濟的主流。

　　而借款人借錢，無非是為了早日實現人生理想，貸款人放貸則是單純為了收取利息。那麼，為什麼要讓信貸成為經濟的主流呢？

因為一借到錢，就會忍不住想消費！

大家不妨想想，你只要花掉 1 塊錢，就有人順勢賺到 1 塊錢，當你花得越多，別人就會賺得越多。當一個人的收入提高，償還能力就會提高，貸款人自然會更願意把錢借給他。所以，借貸會驅動經濟增長並不斷循環，這就是所謂的經濟逆

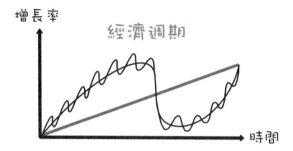

假設這世界上沒有借錢這回事，大家想要買買買，就只能努力工作，提高生產效率，多賺點錢才行。這樣一來，善於創新和勤奮的人，將比那些懶惰的人更快地提高生活水準，但這只取決於個人的心情和能力，並不能對經濟起到規律性的影響。

而工作不行，但信貸可以。

因為信貸是你向「未來的自己」借錢。

說出來你可能不信，我是20年前的你，現在是跑來跟你借錢的！

我信啊，因為我年輕時也這樣做⋯⋯！

　　現在花了多少錢，未來就要還多少錢，就這樣形成一個週期。對於個人是這樣，對於整個經濟運行也是如此。

　　信貸的總量大小，決定經濟的波動程度，信貸觸發可預測、將在未來發生的事，這就是「信貸」和「貨幣」的區別。信貸能夠使收入的增長速度超過生產率的生長速度。

工作沒做多少，但錢可預支了不少⋯⋯！

此外，信貸也有良莠之分。例如老六借錢買了一台電視機，而觀看電視劇並不能幫他產生任何收入來清償債務，所以這是消費信貸。

但他借錢買的若是一台貨車，就能提高生產率，賺取更多的錢，順利地幫老六償還債務，提高生活水準，這就是生產性信貸。

說穿了，如果你花掉未來的錢能滿足現在的發展，這就是有意義的。反觀若你花掉未來的錢只為了滿足現在的吃喝玩樂，這對你個人就是沒有發展意義的行為。

假設你每年賺 10 萬元，貸款 1 萬元，也就是說，你只付出價值 10 萬元的勞動，就可以消費 11 萬元。你消費了 11 萬元，就有人賺了 11 萬元，他就可以貸款 1.1 萬元，即使他只賺了 11 萬元，也可以花 12.1 萬元。他花了 12.1 萬元，就有人賺了 12.1 萬元。

如果大家不停地買買買，買到老六的火鍋店門口一直排隊，那火鍋店就只能—

如此惡性循環下去，而社會生產率並未提高，這就會導致通貨膨脹。

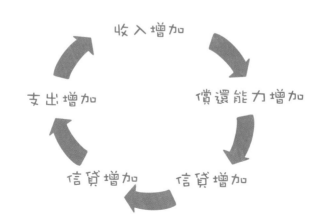

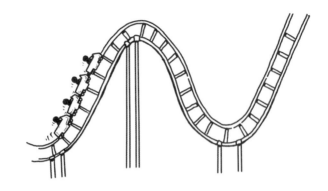

　　央行一看到物價上漲，就會提高利率。待利率上升後，原本想借錢的人不借了，畢竟每個月刷的信用卡還要多還錢，於是，想借錢的人和要還錢的人，大家都變得不捨得花錢了。

　　由於一個人的支出，其實就是另一個人的收入，就連收入變少的人也開始捨不得花錢。環環相扣之下，導致越來越多的人收入變少且捨不得花錢。所有人都不花錢，老六的火鍋店自然就沒人光顧了……。

沒辦法，只能降價了……！

這就是通貨緊縮。

　　經濟活動減少，導致經濟衰退，央行又要降低利率來促進經濟發展，借貸和支出雙雙增加的情況，頓時導致又出現經濟擴張。

　　而擴張之後又要緊縮，這就是經濟的規律和週期，就像永遠停不下來的雲霄飛車。

人性肯定是願意花錢卻不願意還錢，時間一長，借錢速度就會開始大於賺錢速度，當人們過度借貸消費時，就會開始出現經濟泡沫。

相信有不少人都和老六想法一樣，當利率低的時候，大家都去貸款買房，瞬間便把房地產市場整個推高了。

看漫畫零基礎學會 經濟學

　　而大家一看到房價飛漲，於是有更多的人開始跟著去辦貸款來買房。期待買了房子之後等它升值，有人甚至會因此感覺自己很富裕，就是還錢壓力大了點，只能勒緊褲腰帶，減少支出。

　　在債務負擔最重的頂峰，經濟會開始進入「去槓杆化」時期，借款人為了還錢，只能賣掉房子，但可怕的是居然沒人承接，價格只能一降再降……。

　　同時，股市開始暴跌，銀行運作陷入困境，人們覺得自己變窮，不敢再去借錢。經濟進入惡性循環，甚至無法透過降低利率來挽回頹勢─因為利率早已低到接近 0 了。

通常在面臨「去槓杆化」的第一個措施就是削減開支，老百姓、企業甚至政府，各個都勒緊褲腰帶生活，我們通常把這種現象稱為：

財政緊縮

當人們不再增加新的債務並減少舊的債務時，你會誤以為債務負擔減輕，但那你就大錯特錯了。

因為沒有支出就沒有收入，沒有收入又要拿什麼來還錢？有些企業為了削減開支，甚至還得既出裁員令，債務負擔實際上會變得更沉重。

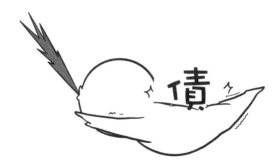

隨後，許多借款人無法償還貸款，把錢存在銀行的人開始擔心，存在銀行裡的錢是否安全？思來想去後決定乾脆通通取出來，但銀行一下子又拿不出這麼多錢來支應。老百姓、企業、銀行相繼出現債務違約，這種嚴重的經濟緊縮就是「蕭條」（Great Depression）。

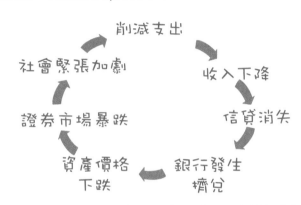

蕭條的主要特徵之一就是，人們發現原本屬於自己的財富中，有很大一部分實際上並不存在。比如當老六在酒吧賒帳，喝了一杯啤酒後就跑路、不還錢了，那麼酒吧就憑空失去了一杯啤酒的資產。

很多貸款人並不希望自己的資產消失，所以同意債務重組，導致債務減少或消失。但這也導致了資產價值以更快的速度減少，債務負擔反而更重。

同時，支出減少、失業率上升、政府的稅收減少。但為了援助百姓和刺激經濟，政府的支出增加，它們必須透過加稅或舉債來填補財政赤字。

這當然是富人啦。

財富開始從富人流向窮人，感受到貧富差距的窮人開始怨恨富人，而承受經濟壓力的富人也開始怨恨窮人，這時若經濟蕭條持續，通常就會爆發社會動盪，畢竟所有人都迫切需要用錢。

中央銀行發行更多貨幣，並且透過購買政府債券，把錢借給政府，讓政府能夠金援老百姓和刺激經濟。而中央銀行印鈔票之後，人們收入上升，還貸能力增強，人民又開始向銀行了，加上消費增加，經濟也逐步開始復甦、增長。

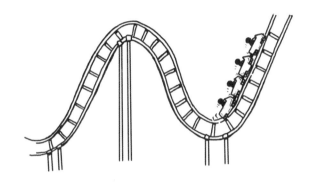

　　整個局勢從長期債務階段進入通貨再膨脹階段，整個過程大約需要持續十年、甚至更長時間。

4.4
關於「經濟週期」的三大建議

上一節的內容可能還是有些冗長，所以我們接著再來簡化一下。

在沒有信貸的情況下，人們只有努力工作、提高生產率才能多賺一點錢，畢竟只有多賺錢才能多花錢，因此促進社會進步和科技發展。

社會進步和科技發展又反作用於生產率，回顧歷史演化，生產率一直都在持續向上增長。

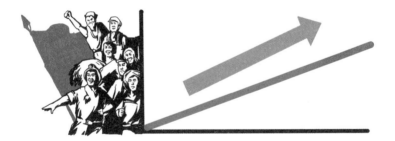

在出現信貸的情況下，信貸一旦容易取得，經濟便會擴張，開始進入「通貨膨脹」時期；如果信貸不易獲得，經濟便會衰退，進入所謂「通貨緊縮」時期。

　　每個國家在央行的控制下，國家的經濟多半都會在這兩個時期內不斷重複，形成短期經濟週期。

　　每一個短期經濟週期的信貸和經濟增長，都會超過上一個週期，這是因為目前的形勢一片大好，房地產、股票等資產價值持續上升，人們當然願意借錢來購買資產。

　　同時，因為借款人的薪資和投資收入都在上漲，貸款人自然也願意借出更多的錢。

　　長期下來，債務負擔便會緩慢增加，償債成本也越來越高，直到償債成本的增長速度超過收入的增長速度，長期經濟週期就會進入下行階段，也就是上一節中講的「去槓桿化」時期。

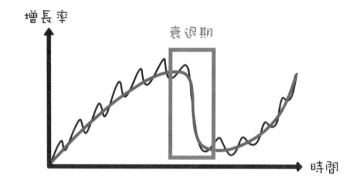

　　長期經濟週期的下行階段，之所以不能像短期經濟週期的下行階段一樣快速恢復，是因為利率已經低到接近於 0，幾乎喪失調節作用，貸款人和借款人雙方都不想借錢。

　　一般在「去槓桿化」時期，政府會有以下四種應對政策，分別是勒緊褲腰帶減少支出、通過債務重組減少債務、「劫富濟貧」財富再分配、央行印鈔票並且發行貨幣。

減少支出

債務重組

財務重分配

印鈔票

　　減少支出和債務，兩者都會讓通貨緊縮加劇，而「劫富濟貧」更會引發社會矛盾，這三種應對政策都有可能適得其反，讓目前的情況雪上加霜。因此只有最後這一個選項—印鈔票，才能讓大多數的人開心起來。惟前提是，中央銀行每印出一批鈔票，就用直升機在整個國家內平均地撒下去才行。

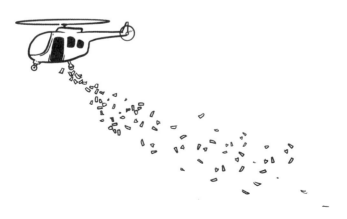

可惜，央行發行的貨幣只能用來購買金融資產，藉以提升資產價格，或者購買政府債券，政府再用這些錢來實行經濟刺激計畫，增加消費力道和服務。

比如投資基礎設施、發放救濟金、免費貸款給企業等，這都是貨幣流向社會的管道，但這些管道並不能讓貨幣像洪水一樣瞬間流入社會。而是需要一段時間，才能讓貨幣逐漸在整個社會裡攤勻，而這種現象即被稱為「坎蒂隆效應」（Cantillon Effect）。

經濟學家弗瑞德呂希·奧古斯特·馮·海耶克（Friedrich August von Hayek）曾說：「這種現象就像是把一種黏液倒入一個容器，這種液體會有擴散到整個瓶底的趨勢，但液體的流動需要時間，比如蜂蜜⋯⋯。」

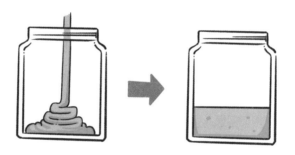

蜂蜜剛剛倒進瓶子裡時，通常會在瓶底形成一個小鼓包，這時候，鼓包範圍內的經濟開始擴張，但蜂蜜尚未流到的地方，則依然處於經濟緊縮狀態。

也就是說，在經濟學中，通貨膨脹和通貨緊縮輪流值勤；而在現實生活中，通貨膨脹和通貨緊縮往往也是同時發生的，不同地域和不同行業間的經濟情況不同，尤其是地大物博的國家，若想要做到每個角落的經濟都可同步升降，確實有難度。

貨幣主義大師彌爾頓·傅利曼（Milton Friedman）對此則有不同看法，他認為「貨幣似水」，不僅要讓它流動起來，而且要讓它越流越快，這樣一來產生的價值才能越大。

傅利曼甚至還曾提出一個有趣的問題：

如果你把錢存進銀行，那銀行就必須想辦法將你的錢投資或借貸出去，不然就無法支付承諾給你的利息，所以不管是花掉還是存在銀行，貨幣都是在流動的。但是如果你選擇把錢藏在床底下，那麼這些財富完全不流動，自然不能產生任何價值。

不管貨幣到底是像蜂蜜還是像流水，有一點是可以確定的，那就是貨幣的發行量是一門高深的技術，發行量太少不能解決問題，發行過多則會引發惡性的通貨膨脹。

辛巴威曾經出現需要提著一袋現金乘坐公車的故事，相信大家應該都聽說過吧。

沒多少錢，也就是3
萬億罷了……

只有發行量適中的貨幣，才能和諧地去槓桿化。當發行貨幣的數量等於消失的信貸的數量時，甚至不會引起通貨膨脹。因為支出是貨幣和信貸的總和，只要總和不變，市場的價格就不會變動。

$$\frac{支出 \; (信貸 + 貨幣)}{銷量} = 價格$$

不過，只發行能抵消信貸的貨幣肯定是不夠的，畢竟信貸還會產生利率，所以支出會自動生長。這就需要發行更多貨幣，使收入的增長速度超過信貸的增長速度的原因。

假設利息是 2%，若收入的增長速度只有 1%，那信貸的壓力肯定會越來越大；只有收入的增長速度超過 2%，才能達到去槓桿化的目的，使經濟進入上行階段。

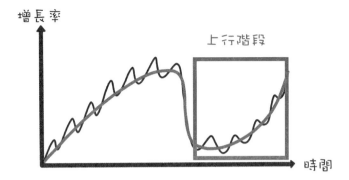

　　通貨膨脹雖然不可避免，但只要不是惡性的，就不算是問題。20 年前的 1 塊錢，比今天的 1 塊錢更有購買力，今天的生活卻比 20 年前好得多。

　　這個簡單的經濟模型，是美國橋水基金（Bridgewater Associates）的創始人雷蒙德·托馬斯·達利奧（Raymond Thomas Dalio）創建的理論，我們可從中認識經濟規律，並且進一步 明他之所以能夠預測和躲避全球金融危機的主因。

　　除了這個經濟模型，達利奧還給出了三點建議：

第一，別讓債務的增長速度超過收入，否則債務負擔遲早會將你壓垮。
第二，別讓收入的增長速度超過生產率，否則你將會失去競爭力。
第三，盡力提高生產量，因為長期下來，它將會起到關鍵作用。

4.5
我該不該去上班？

　　市場是所有交易的總和，而我們前面談到的，都是使用同一種貨幣交易的市場，那麼若在不同的國家之間，大家又是如何使用不同的貨幣交易呢？

　　還記得先前提到的三座小島的故事嗎？第三座島上的居民想要購買第一座島上生產的糧食，就要先用自己的竹片購買第一座島上的貝殼，然後再用貝殼去購買糧食。

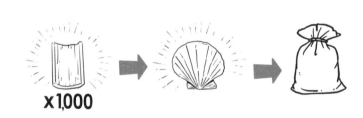

x1,000

　　在這裡，貨幣變成是一種商品，當需要用不同貨幣進行交易時，買方就需要先購買對方使用的貨幣。

　　一開始，1,000 個竹片才能購買 1 個貝殼，直到後來，100 個竹片可以購買 1 個貝殼，這個貝殼和竹片的兌換比例就是「匯率」。

世界上剛剛確定貨幣體系時，各國貨幣都是先與黃金兌換，然後再透過黃金確定本國貨幣的匯率。

二次大戰後，美國崛起，美元直接與黃金掛鉤，其他貨幣則與美元掛鉤，實行固定匯率制（Fixed Exchange Rate）。

　　直到 1973 年，由於石油危機、美元信用崩潰，再加上國際貿易不斷發展，全球進入以市場供求關係做為基礎的匯率時代。不過即便如此，美元仍是國際貿易中最常使用的結算貨幣。

　　匯率受到很多因素的影響，故而總在不斷變化，比如新台幣兌換美元的匯率，就是以外匯市場上的價格做為基礎，同時又受到政府調控等多方面的影響。

　　計算兩種貨幣之間的匯率的方法，則有直接標價法和間接標價法兩種。直接標價法是以外國貨幣為單位，兌換一定數量的本國貨幣。比如說新台幣的匯率是 32.283，就是 1 美元可以兌換 32.283 元的新台幣。

　　在這種標價方法下，匯率提高即代表本國貨幣貶值。假設新台幣的匯率從 32.283 提高到了 33，就意味著原來 1 美元兌換 32.283 塊錢新台幣，現在可以兌換 33 塊錢新台幣，美元兌換的新台幣數量多了，新台幣自然是貶值了。

間接標價法則是以本國貨幣為單位，兌換一定數量的外國貨幣。比如新台幣的匯率是 0.032，就是說 1 塊錢新台幣可以兌換 0.032 美元。目前只有歐元和澳元採用間接標價法，包括新台幣在內的其他貨幣都採用直接標價法。

通貨膨脹是影響匯率的重要因素，某一個國家若發行過多的貨幣，導致該貨幣的購買力下降，那麼購買其他國家貨幣的能力，自然也會下降。

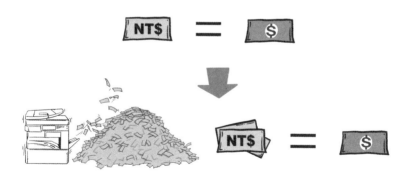

原來，10 個竹片可以兌換 1 個貝殼。

　　如果竹片突然爆增，但第三座島的生產力卻未出現變化，那麼第一座島上的居民就會提高貝殼的價格，變成要 20 個竹片才能兌換 1 個貝殼，竹片的匯率就提高了。

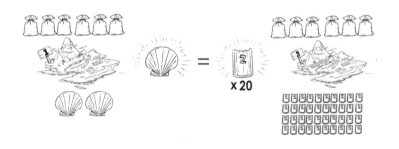

　　接著再舉兩個極限的例子，假如美元與新台幣的匯率是 1：30。

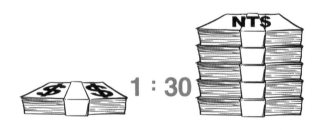

一個美國人用 1 萬美元換成 30 萬元新台幣到中國投資，沒有賺也沒有賠。但是他撤資的時候新台幣貶值了，美元與新台幣的匯率變成 1：40。

美國人拿著 30 萬元新台幣只能換走約 7,500 美元，美國人的 1 萬美元變成 7,500 美元，剩下的 2,500 美元就留在了中央銀行。從這個角度來說，新台幣貶值還賺錢了。

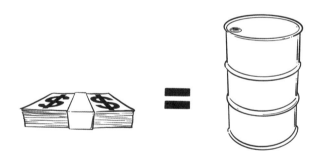

同樣的，假設中國人去買石油，石油每桶賣 1 萬美元。30 萬元新台幣可以兌換 1 萬美元，買下一桶石油。

現在，30 萬元新台幣只能兌換 7,500 美元，根本不夠買下一桶石油。從這個角度上講，新台幣貶值會阻礙經濟發展。

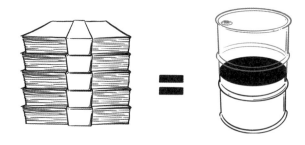

不只是石油，貨幣貶值、匯率提高等因素，都會迫使所有進口商品的價格提高，這時，整個國家對進口的需求就會減少。

同時，當其他國家發現這個國家的貨幣開始貶值，購買該國的商品變得更加便宜時，就會激化民眾購買該國商品的可能性。

原本第三座島的 100 個竹片可以兌換第一座島的 1 個貝殼，後來 10 個竹片就能兌換 1 個貝殼，這對第三座島上的居民來說，相當於原來 100 個竹片能買下 1 袋糧食，但現在只需 10 個竹片就能買到。

但相對於第一座島上的居民來說，原來 1 個貝殼可以買
100 根胡蘿蔔，現在只能買 10 根。

所以，貨幣貶值、匯率提高，其實有利於一個國家的出
口事業。

貨幣升值、匯率降低，則有利於一個國家的進口需求。

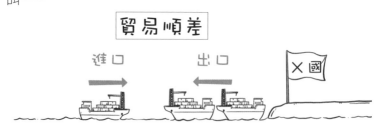

如果一個國家在一定時期內的出口額大於進口額，這就叫——

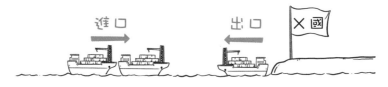

如果一個國家在一定時期內的出口額小於進口額，這就叫——

不管是貿易順差或貿易逆差，兩者過大都非好事，貿易順差過大，說明經濟過多依賴別人，貿易逆差過大則代表商品過於依賴別人。如果每個國家都追求貿易順差，那麼國際貿易就會停止，所以，實現貿易平衡才是最理想的經濟狀態。

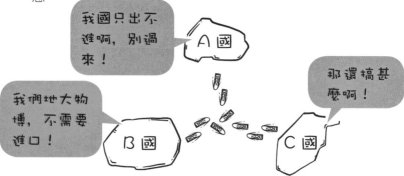

看漫畫零基礎學會 經濟學

匯率的變動會影響進、出口貿易，而進、出口貿易也能反過來影響匯率，這就涉及另一個重要的專有名詞：

外匯存底

如果每次和其他國家交易，都必須先購買對方的貨幣，那也未免太麻煩點，所以不如乾脆存一點其他國家的貨幣或資產，等到需要交易時就可派上用場，這就是「外匯存底」（Foreign Exchange Reserves）。

當第三座島的居民努力工作，可以提供更多糧食和獵物給第一座島時，就能從第一座島手裡掙到更多貝殼，把這些貝殼儲存在中央銀行，就是「外匯存底」。

這就是所謂「物以稀為貴」嗎？

當第三座島上儲存的貝殼越多，國際市場中流通的貝殼就越少，貝殼就會因此升值，竹片兌換貝殼的匯率則會提高。

由於第三座島上的民眾努力工作，生活水準快速獲得提升，人民對於進口商品的需求增加，於是就開始使用這些儲存的貝殼去購買第一座島上的商品。

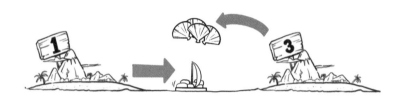

此時，第三座島的外匯存底減少，更多貝殼流入市場，貝殼因此貶值，竹片兌換貝殼的匯率順勢降低。

外匯存底可以調節一國貨幣的匯率。當該國貨幣貶值，就用外匯存底換回一點本國貨幣，使本國貨幣在國際上的流通減少，藉以調節經濟、實現內外平衡，反之亦然。

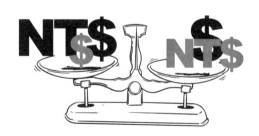

不過，外匯存底可不是越多越好，如果把這些儲備金都用來進口商品和服務，增加生產，就能促進國內經濟發展，而持有儲備金就放棄了這種利益，所以，過多的外匯存底只會增加機會成本。

此外，外匯存底還要承擔其他貨幣貶值及國內通貨膨脹的風險。當然，外匯存底太少也不行，這不僅會影響國家的進口支付能力和償債能力，還會導致匯率不穩定。

　　例如中國大陸做為世界第一大貿易出口國，大部分的生活必需品都足夠自產自銷，出口的多，進口的少。每年都有結餘，儲備了大量的美元外匯。

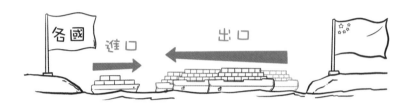

　　中國在 20 世紀 50 年代，以及 70、80 年代都曾提出「用出口創造外匯」的經濟戰略，想要透過大量出口農產品、礦產、石油、煤炭、紡織品和工藝品來增加外匯存底。

　　依靠外資刺激可以快速提升經濟，但如果不能提高內需和內增長就會受制於人。這就是經濟學十大原理的第八項：

一國的生活水準，
取決於生產物品與勞務的能力。

　　世界各國貧富不均，原因在於生產率的差別，也就是人們常說的 GDP。

GDP 指的是國內生產毛額（Gross Domestic Product），是一個國家或地區所有常駐單位在一定時期內生產活動的最終結果。GNP 是國民生產毛額（Gross National Product），是一個國家或地區所有常駐單位在一定時期內生產的市場價值總和，一般等於國內生產總值加上來自國內外的淨要素收入。

換句話說，一個國家的富裕程度，取決於這個國家裡所有人的工作效率。政府當然希望每個人都積極參與勞動，於是一直致力於提高就業率。

這就不得不提到經濟學十大原理的第十項：

社會面臨通貨膨脹與失業之間的短期交替。

前面已經講過通貨膨脹了，而通貨膨脹與失業又有什麼關係呢？

大家別忘了，一旦出現通貨膨脹，物價上漲，這個物價當然也包括人工費用。當人們發現薪資上漲，就會更傾向於去上班，這就是通貨膨脹與失業率的關聯性。

有時，政府想透過通貨膨脹的手段來刺激就業率，但這遭到了經濟學家們的反對。

有些經濟學家認為，如果總是使用通貨膨脹來刺激就業率，這個方法就會漸漸失效，當通貨膨脹無法再刺激就業率時，就會發生所謂的——

滯脹
（通貨膨脹與經濟停滯）

也有經濟學家認為，政府不應過度干預市場，即使是在就業問題上亦是如此。畢竟當人們需要工作或想工作時，自然就會去工作。

本來想創業當老闆的，結果因為薪水變高的，所以又乾脆當上班族好了。

當市場需要更多勞動力參與時，自然會發出信號。

決策

在多方利益權衡中做選擇

　　不管是個人、團體、企業還是政府，想在經濟活動中做出正確決策，就會涉及多方面的權衡取捨。

　　在傳統經濟學中，人們總能在理性地下判斷，但在行為經濟學中，人們的決策則往往會受到各種因素的影響。

權衡取捨

5.1
無限 VS. 有限

經濟學十大原理中的第一條原理就是：

人類面臨交替關係！

這個原理也幾乎貫穿在我們先前便提過的所有原理之中。

欲望雖說是無限的，但資源總歸是有限的，很多時候，人們為了獲得一樣東西，就不得不放棄另外一樣東西，而所謂的決策，也就是權衡利益之後的取捨。

　　資源不但是有限的，甚至更是稀缺的。除了呼吸的空氣和來自父母親的愛之外，你想得到的其他東西，基本上都需要提供相對的付出。比如去超市買東西要花錢，想要錢就得付出時間和精力去工作……。這些也符合我們之前說過的，人們需要在市場中付出勞力或提供資源，才能獲得更好的生活。

　　當然，每個人的時間都是有限的，假設若老六每晚只有2小時的空檔，那他若選擇去看一場電影，那麼這便代表他必須放棄和朋友一起打兩局線上遊戲的機會。

而若他想兩件事都做，這樣便只能犧牲睡眠，少睡 2 小時了。

每個人的時間都是有限且不可再生的，所以我們經常能聽到一句話就是「把握時間」。把握時間學習、把握時間成長、把握時間工作、把握時間休息、把握時間趕路、把握時間體驗，諸如此類⋯⋯等等等等。

時間資源的利用率也非常容易計算，比如我們在第一章一起計算過的時薪，就可以大致核算出、你對時間資源的利用率。

當然除此之外，你也可以算出自己在每個時間單位內，獲得的快樂、學到的知識、得到的滿足感等等。你若願意，甚至可以用來發呆，徹底忘掉時間這回事。即使經濟學家覺得這樣是浪費資源，也絲毫不影響你往自己希望的方向去利用時間。

除了時間都是有限的，每個人能賺到的財富也是。當老六有 500 塊錢時，他若買了一個榴槤，這樣一來就沒錢再買櫻桃了。

突然想起來我身上還有 1,000 塊錢，這樣一來我兩樣東西可以買了！

而當老六有了 1,000 塊錢後，他可以買榴槤和櫻桃，但這時若再看上了水蜜桃……，這下子即使身上有 1,000 塊錢也不夠用了。

看到這邊是不是覺得有點熟悉，這是否便與先前提過的「機會成本」很相似？

話說「資源稀缺」這件事可分以下兩種。一種是相對稀缺，也就是資源本身並不少，只是因為分佈不均、利用不合理、管理不恰當以及欲望增長過快等原因，進而表現出局部稀缺。但要說錢這種資源，那肯定是人人都覺得稀缺，任誰也不會覺得錢夠多夠用。但國家在印鈔票的時候，不僅不會少印，有時甚至還會多印一些，甚至因此導致通貨膨脹。

只是因著人性的欲望和貨幣分佈的不平均，總會讓人們覺得錢可是世界上最稀少的資源。而另一種稀缺就是「絕對」稀缺，就是產量真的很少，比如很多貴重金屬和不可再生的資源等。

不過到目前為止，人類還不能說自己已掌握了地球上的每一項資源，所以這些所謂的稀缺資源到底有多麼稀缺，尚屬未知之數。而這也是科學家在持續關心的事，畢竟在經濟學家們的眼中，所有資源都是稀缺的，他們更在意的是——

當某種資源稀缺到何等程度，我們才會開始尋找替代物品？

此外，大家別忘了還有所謂的「需求定律」：

人類總能找到替代物品！

5.2
生活是個難題

稀缺是經濟學中永恆的話題，也正是因為資源的稀缺，經濟才有了意義。如果世界上的資源全都予取予求，那大家既不用付出，也不用交易。

需要什麼，伸手去拿就是了！

這裡的資源可不是單指水、土地和礦產等自然資源，而是指你生活中所能看到的一切，熱氣騰騰的飯菜、款式繁多的衣服、無人駕駛的汽車，這些全部都要「取之不盡，用之不竭」，而且每個人都唾手可得才行。

這是不是聽起來很像動畫片？可惜現實生活並非如此。取捨原理不僅貫穿在整個經濟學中，也幾乎時時刻刻都出現在老六的生活中。

不僅是個人，團隊和公司也一樣時時面臨決策。是選擇 A 項目，還是選擇 B 項目？是節約成本以保證利潤最大化，還是提高產品品質以贏取客戶忠誠度？有限的資金是投入研發新技術，還是用於打廣告提高知名度？

再到一個國家，所面對的決策就更難了。是先開展南水北調工程，還是先進行西氣東輸？是將更多的資金投入軍事，還是大規模發展科研？經濟發展與環境保護應該以哪個為先？經濟利益與社會意願又該如何抉擇？

　　總之，面對稀缺的資源，權衡取捨是每個單位的必修課題，也是貫穿經濟學的必修課題。

5.3
二手市場 VS. 仲介

　　面對來自各方的決策或論述，堅守傳統的經濟學家們認為，人們總會根據資源和成本等因素做出理性的決策，就像人們面對市場給予的回饋，總會做出正常的應對一樣。

　　只可惜，人們在現實生活並非總對市場回饋做出正面回應，也不是總會在權衡取捨後做出讓收益最大化的理性決策……，而這肇因於人們的決策總會受到各種因素影響。

　　大家還記得，經濟學十大原理的第四項：

人們會對「激勵」做出反應！

　　這項論述足以說明影響人們做出決策的原因之一，就是激勵。人們會根據成本和收益的變動，改變自己的行為和決策，而成本和收益的變動，就來自激勵。

　　不管是面對正面激勵還是負面激勵，大多數人都會做出積極的反應。比如全勤獎金和遲到要扣薪水，這些因素都能督促員工們按時打卡上班。

　　升職加薪和沒完成績效任務的公開批評，也能督促人們努力工作。

　　不過，即使正面激勵和負面激勵最終都能達到相同效果，過程中的付出也完全不同，正面激勵付出的往往是物質、榮譽或地位，而負面激勵則會消耗當事者的情緒。

就像動物園裡的猴子，一旦沒完成規定的動作就要遭到訓練師的打罵，時間一久，猴子就有可能逃跑或反抗。

溜了溜了，俺老孫不跟你們玩了……！

而負面激勵就像水缸裡的水，若不及時打水，通常只會越用越少。

除了激勵之外，信任也會影響人們的決策。社會學家、哲學家格奧爾格·齊美爾（Georg Simmel）曾經說過：

人類若失去互信的共享特質，社會本身將瓦解！畢竟沒有一種關係，是建立在對他人的徹底了解之上。

也就是說，消費者在購買一件商品時，當下無法百分之百地瞭解這件商品，只有在消費之後才能決定下次是否還要繼續消費？如果下次決定繼續消費，那就是對該商品產生信任，並且會在之後一次次的消費中，加深信任或消耗信任。

從「信任」這個方面來說，市場交易中存在兩種類型，第一種是離散型，其特點是交易期間雙方短暫接觸，溝通也極其有限，彼此更不瞭解。比如老六走在路上突然內急……，

於是，他便在路邊的便利超商隨手買了一包最小包的紙巾。

老六並不關心他去的是哪家便利超商，拿的又是哪個牌子的紙巾，將來多半也不太會再來這家便利超商消費，甚至不會再使用這個牌子的紙巾……。即使真有下一次，那多半也是巧合，絕非因為這次消費體驗不錯而來。

而第二種類型是關聯式，其特點是交易中包含個人與社會因素，交易往往不是一次性消費，而是與過去和未來的交易相關。

比如老六深受掉髮問題所苦，所以頻繁更換洗髮精，他甚至為此做了不少功課，直到他使用了某個品牌的洗髮精後，確實讓他覺得掉髮量減少許多，之後他便開始持續購買這款洗髮精。

改用這款洗髮精，ok 了啦！

「信任」能夠降低交易成本，有利於擴大貿易，對買賣雙方都有好處。

供應方

客源穩定，就不必時刻擔心找新客人上門消費。

需求方

有固定的消費喜好，就不用總是貨比三家、挑挑揀揀，就連購買的商品品質也會更穩定！

「信任」這兩個字說來簡單，但執行起來卻不容易，主因即在於市場中的資訊不對稱。比如公司在應徵新人時可能會誇大公司的福利和發展前景，應試者也可能會在面試時誇大自己的優點和能力，但實際情況如何，唯有開始上班後才能知真假。

買賣雙方都會因資訊不對稱而在交易中承擔風險，但在大多數情況下，需求方要承擔的風險更大，最典型的例子就是二手市場。比如老六想要買一輛二手車，而現在共有三輛車款供他選擇，一輛賣 40 萬，一輛賣 50 萬，一輛賣 60 萬，這三輛車外觀看起來都差不多，但老六並不知道它們的實際品質如何。

於是，老六先根據平均價格，對這個級別的二手車做出了心理估價，排除要價最高的那一輛，然後在剩下的兩輛車中猶豫不決，因為——

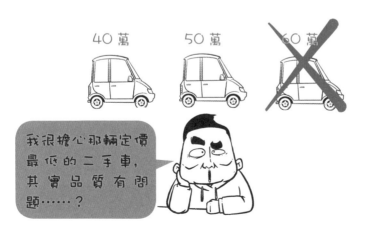

　　如果人人都像老六這樣想，那麼價格最高的這輛車肯定只能退出競價。此時，這個級別的二手車均價就變成了 45 萬，而緊接著，超過均價且要價 50 萬的二手車，勢必也要跟著退出競價……，以此類推，最終能留下的，便只有要價最低的那款汽車。

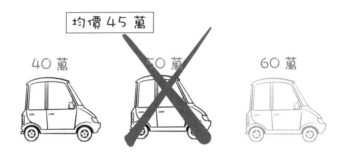

　　老六並不知道，這三輛車的價格其實是和品質相對應的。

　　所以，市場上剩下的其實是價格最低且品質最差的二手車。這和第二章講過的「劣幣驅逐良幣」有著異曲同工之妙，而這種現象也被稱為：

逆向操作

按照「需求理論」，當商品價格降低時，需求量應該上漲。

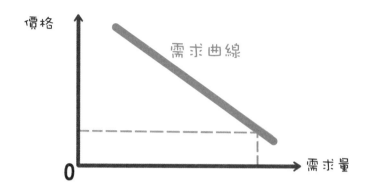

但這個理論用在某些商品上卻行不通，因為人們擔心價格下降，品質恐怕也會跟著下降，因此，不僅不會增加購買力道，反而有可能降低購買慾。

這並不是說「需求理論」有問題，因為按照「需求理論」來看，若條件改變，便需要重新畫一條線來表示價格與需求量的關係。這只是說明了：

經濟學家

需求理論的最終定義，終歸我們經濟學家來說明！

那麼問題來了，既然三輛車的價格和品質一致，那為什麼老六會不知道呢？這是因為市場上不是只有這三輛二手車在等著被買下，而是有很多二手車都在待價而沽，有些賣家會標出一個高於汽車品質的價格，而有的賣家則會隱瞞汽車的品質問題。

40 萬　　　　　50 萬　　　　　60 萬

　　不誠實是人性的弱點，只有極少數的人能保證自己終其一生完全誠實。而不誠實在市場上和交易過程中尤其常見，也因此，人們才會覺得隱瞞和欺騙之間有所區別。

　　正是因為信任問題，「仲介」這個產業方才應運而生。從表面上看，是仲介增加了交易成本，但實際上卻是因為人與人之間出現了不誠實與不信任，進而增加了交易成本，仲介才能存在！這個現象正好說明了，人們寧願將錢交給仲介，也不願意承擔交易風險。仲介至少是明碼標價，但風險可就很難說了。

5.4

優化你的行為

　　影響人們下決策的原因還很多，比如短視近利、自私貪婪、衝動、無知等等。市場以為只要自己戰戰兢兢地做出回饋資訊，就會有人能看到。殊不知，很多人對此視而不見⋯⋯。

　　本書在前言中便已說到，涉獵有關經濟學方面的書籍並無法讓你賺錢，但讀了這些經濟學的書籍至少能讓你反省自己的決策過程，並在未來有機會做出改進。

控制你的欲望，不要被免費的東西誘惑，不要對目前並不需要的東西充滿熱情，更別刷爆自己的信用卡。

專注於你自己的事情，不要總是想別人比較，在自己的經濟能力範圍內做出決策，打破相對論的負面循環。

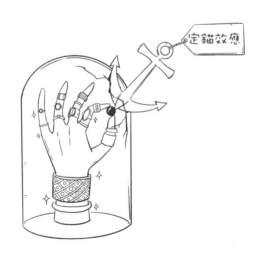

要注重商品的實際價值，而不是被市場定錨了，放在精品店櫥窗裡的黑珍珠，未必真的價值連城，價格昂貴的衣服，也不一定比便宜的運動衫更好穿。

　　把價格之外的成本也計算在內，比如需要在飯店門口排2小時的隊，但別把「沉沒成本」計算在內，比如你「已經」在飯店門口排了2小時的隊就是。

　　此外練習思考「機會成本」，這可能不是那麼容易，它首先需要你的想像力，其次則是更需要「控制」你的想像力。

　　你肯定還能想到更多，但總而言之，筆者仍衷心希望這本書能夠讓你對經濟學感到興趣，不再排斥！也希望這本書真能對你產生效用。

　　共勉之！

[後記]

1929 年，到底發生了什麼事？

　　在第四章中，我們瞭解了經濟運行的規律，尤其是去槓桿化的過程。在這方面，美國的多次經濟大蕭條就是我們的前車之鑑。

　　1929 年之前，很多人搬到美國佛羅里達州，人們對房子的需求量加大，導致房價上升，同時也吸引了很多投資者。但是當投資者發現房子的數量大於需求量之後，大家就開始紛紛出手賣房，導致房價迅速下跌，投資者蒙受損失，很多房子也因此閒置了……。

　　此時，由共和黨執政的美國，已延續了十年的快速經濟增長。而股市方面儘管大趨勢在上升，但短暫的大幅下降一直存在。幾次短暫下降後的大幅上升，反而說服了很多保守投資者相信上漲的大趨勢。

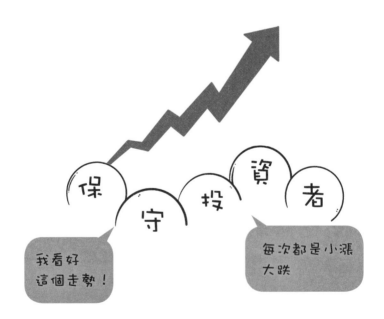

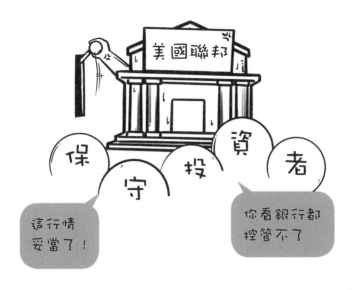

美國聯邦準備系統（Federal Reserve System，FRS）
意識到股市狂漲恐怕會造成日後的崩盤，所以順勢調高利
率，但萬萬沒想到的是，效果並未如預期地那麼好。勉強地
說，就是僅有的那一點點效果讓保守派更相信股市的榮景。
因為他們覺得就連銀行都無法阻止這一切，那麼行情上漲自
是大勢所趨。而與此同時，美國從歐洲引進的「投資基金」
正在快速增長，由此引進了大量的金融產品。

1927年出現了300家基金公司
1928年、1929年又有450多家基金公司成立

首先是借錢買股票，當時的借款率可達到原價的 90%。

舉個例子，老六手上有 10 元，找了銀行貸款 90 元，然後用這 100 元錢去炒股票。如果，股價漲到 110 元，他還掉 90 元的貸款之後還剩下 20 元，資產翻倍。反之若股價下跌，銀行知道老六根本沒錢繳貸款，所以在股價下跌 10% 時就會請他還錢，老六也只能賣掉股票還錢，資產頓時清零。

自己：○元

貸款：90 元

　　延伸來說，若所有的投資人都像老六那樣做，那麼股價就會下跌得越來越快。更嚴重的是，假如老六原本只有1元，先從 A 銀行貸款借出 9 元，待湊足了 10 元後，再從 B 銀行貸款 90 元，最後買了價值 100 元的股票。這樣一來，賺錢時肯定會更快更多，但相對來說，虧錢時也會瞬間崩盤。同理可證，他也可以先拿 1 角去借 1 元……。而這樣的財務結構，絕對承受不起一點點的股價波動，一旦下跌就會面臨資產清零的窘境。

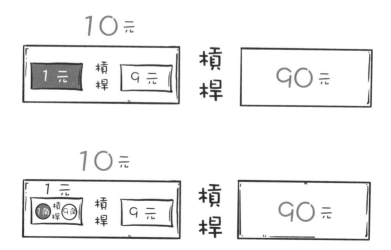

其次，各公司也在做內線交易，藉此抬高自家公司的股價。

我打算去融資一萬元來投資股票！

股市持續上漲，讓原本不買股票的人也開始紛紛進場，這個巨大的利益誘使越來越多人選擇借貸。

從 1928 年下半年到 1929 年，美國的利率都在 8%～12% 的高水位，很多時候甚至會高於 15%。許多公司和保守的投資者選擇把資金放入借貸市場，藉此獲得比實際下場操作更高的利潤，於是，資金開始慢慢地從經濟生活中流失……。

來吃火鍋啊！都打到 1 折了

錢都在股市啊，哪有錢吃火鍋……

　　這種經濟增長其實只是一種假象，其背後隱藏著兩個巨大的問題。

　　第一，勞工的平均工資十年內幾乎沒變化，消費能力自然不會提升，貧富差距也因此越拉越大。

　　第二，經濟增長過於依賴股市，資金從實體經濟中流入股市，怎麼攔都攔不住。市場上的消費主力也都來自股市裡的利潤，可一旦股市崩盤，經濟衰退肯定跑不掉。

1929 年 8 月，道瓊工業指數下降，這個現象體現出市場的疲乏與未來可能的下降趨勢，但卻未受到重視。直到 9 月，紐約證券交易所（New York Stock Exchange，NYSE）的交易資料頻創紀錄，股市低迷，但大家都相信股市還未漲⋯⋯。

直到 10 月份，股市下跌，導致許多股民不得不拋售股票來償還貸款，導致股市全面下跌，交易記錄一再破底。10 月 24 日，交易紀錄達到歷史最高的 1,289 萬次，股民都在瘋狂尋找自己股票的買家。而當股票根本沒有買家時，價格直線下降。等到銀行家們出手救市，各項指數已經平均下降了 12 點。

　　10 月 28 日，股市一開盤，股價就迅速下跌，很多人需要繼續撤出資金來還貸。

　　10 月 29 日，股價繼續下跌，接下來幾天，貸款買股票的人紛紛設定限制，一旦股價超過一定價格，馬上出手。而股價在之後的幾周稍現平緩趨勢，但幾次上升都被賣出指令消磨，最終導致股市崩盤和經濟大蕭條。

當時的美國總統胡佛（Herbert Clark Hoover）在經濟大蕭條開始之後，要求增加生產，提高工資。但崩盤前的美國經濟完全依賴股市，在股市裡血本無歸的人不願多花錢，即使提高生產力也不會有人消費買單。

緊接著是政府下調基本利率到 5%，但由於資金全都投入股市，因此民間貸款依舊低迷。胡佛總統甚至嘗試降低稅收並節省政府開支，企圖藉此挽救市場信心，但種種跡象顯示，完全無法改變股市繼續下挫的趨勢。

虧損無力補回，哪有心情花錢消費？

我虧得好慘啊！

以上林林總總都是白忙一場，經濟大蕭條持續了十年才慢慢恢復元氣。甚至可以這麼說，用 1 元錢借出 99 元錢的財務槓桿，才是萬惡之源，1929 年的美國大蕭條，就是因為財務槓桿所引發的連鎖反應。

總之，股災若是被動發生，將會引起經濟長期低迷甚至引發經濟大蕭條，1929 年的美國就是一個最佳的例子。

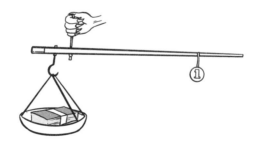

識財經

看漫畫零基礎學會 經濟學

作者／繪者—管鵬
視覺設計—徐思文
主　　編—林憶純
行銷企劃—蔡雨庭

總 編 輯—梁芳春
董 事 長—趙政岷
出 版 者—時報文化出版企業股份有限公司
　　　　　108019 台北市和平西路三段 240 號
　　　　　發行專線—（02）2306-6842
　　　　　讀者服務專線—0800-231-705、（02）2304-7103
　　　　　讀者服務傳真—（02）2304-6858
　　　　　郵撥—19344724 時報文化出版公司
　　　　　信箱—10899 臺北華江橋郵局第 99 信箱
時報悅讀網—www.readingtimes.com.tw
電子郵箱—yoho@readingtimes.com.tw
法律顧問—理律法律事務所 陳長文律師、李念祖律師
印　　刷—勁達印刷有限公司
初版一刷—2024 年 1 月 19 日
定　　價—新台幣 320 元
版權所有 翻印必究
（缺頁或破損的書，請寄回更換）

時報文化出版公司成立於 1975 年，並於 1999 年股票上櫃公開發行，於 2008 年脫離中時集團非屬旺中，以「尊重智慧與創意的文化事業」為信念。

看漫畫零基礎學會 經濟學/管鵬. -- 初版. -- 臺北市：
時報文化出版企業股份有限公司，2024.01
　216 面；14.8*21 公分 . -- （識財經）
　ISBN 978-626-374-492-9（平裝）
　1.CST: 經濟學 2.CST: 通俗作品 3.CST: 漫畫
　550　　　　　　　　112017298

ISBN 978-626-374-492-9
Printed in Taiwan.